江戸川柳で読み解くお茶

嘉
御茶所
山本
朝櫻楼
國芳画

「山本茶店前美人」

歌川国芳 画（嘉永元年〔1848〕）

入間市博物館蔵

江戸日本橋の茶商山本嘉兵衛の店頭(現在の山本山 / 同じ場所に現在も本社を構える)を描いた大判錦絵３枚続きの浮世絵。

この作品は、同店の広告宣伝用として、当時人気の浮世絵師歌川国芳により描かれたもので、三人の美女を立たせて店頭を華やかに飾り、その背景の紺地の板壁と、それに記された白色の屋号や文字が画面を引き締め、粋な雰囲気を醸し出している。

江戸川柳で読み解くお茶

はじめに

筆者が、初めて抹茶というものを口にしたのは十九歳の秋、京都の枯山水の庭園を巡り歩いているときだった。ふらりと訪れた大徳寺の大仙院、廊下に座り込んで長舟石の見える狭い庭を眺めていると、ご住職が話し掛けてこられ、傍らの小さな部屋に招じ入れて下さった。そして、ご住職が自らの手で茶を立てられ、「そこは秀吉が座ったところだ」と笑いながら筆者の前へ。その後入手した『茶話指月集』（久須見疎安編・元禄4年）に、

太閤、夏の比《ころ》、大仙院へ御成のとき、宗易に花つかうまつれと仰らる。幸窓前にうへ平かなる石をこたかくすへたるあり。其うへにかねの花入のおもしろきに、水うちそゝきて花を生たり、時に取ての風流、一しほに覚しめす

と書かれてあるのを見つけた。なるほど、筆者は四百余年の時を経て太閤秀吉と同じ場所に座ったのかも知れないのである。

本書を書き進めるにしたがって、豊臣秀吉や千利休と大徳寺との関係、また秀吉と利休

との関係などを改めて詳しく知ることができた。若いとき幾度となく訪れた寺について書く……、そこに浅からぬ因縁を感じないでもない。

秀吉が座っただろうところに畏まって、初めて口にした抹茶は不思議で奇妙な味だった。ぬめっとした舌触りで、美味しくもないし、不味《まず》くもなかった。なるほど、これが抹茶かと思った。そのとき、ご住職が何を話されたかはまったく記憶がないが、このご住職に魅せられて、その後隙を見つけては出かけて行った。その都度一時間ぐらいはお邪魔しただろうか、都合十数度に及んだと思う。当時二十歳前後、生意気盛りの若者の青臭い意見を、ご住職はどのように聞いておられたのだろうかと、いささか気になるし、恥ずかしくも思う。

こうした機会に、日本の伝統文化たる茶道に触れてみようと思ったこともあったが、これは実践には至らなかった。

その後、京都を訪れることがあると、何度か大仙院にも行ったが、昔日の静寂はなく、騒がしい修学旅行生などに辟易して足が遠のいた。

本書は江戸時代の川柳から、茶を詠んだ句を拾い出して、当時の庶民と茶との関係を眺めてみようというのである。もとより江戸川柳のことだから、その興味の対象がいささか片寄っているかも知れない。それはそれとして、本書によって江戸時代の喫茶事情を多少なりとも明らかにすることができれば、その目的は十分達成されることになる。

清　博美

目　次

収録句凡例

◆本書に収録した川柳は、左のテキストからのものである。
『川柳評万句合勝句刷』中西賢治編・川柳雑俳研究会
『誹風柳多留全集』岡田甫校訂・三省堂
『誹風柳多留拾遺』山澤英雄校訂・岩波書店
『初代川柳選句集』千葉治校訂・岩波書店
『定本 誹風末摘花』岡田甫編・有光書房

◆収録した川柳の出典は、左記の通り表記した。
1川柳評万句合興行における勝句の場合。

興行年を略称で頭につけ、続けて相印を表記した。興行年は、宝暦＝宝、明和＝明、安永＝安、天明＝天、寛政＝寛である。

相印は通常、天・満・宮・梅・桜・松・仁・義・礼・智・信・鶴・亀・叶と表記される。

収録した川柳の下に、例えば、「明五礼5」とあれば、この川柳は明和五年の勝句刷相印礼の五枚目に収録されているという意味である。なお、年号が二桁に及ぶ場合は、算用数字二桁で表記した。

2誹風柳多留の場合。

上に漢数字で篇数、下に算用数字で丁数を表記した。例えば、「三〇15」とあれば、この川柳は、誹風柳多留三十篇15丁に収録されているという意味である。

3その他の川柳句集の場合。

それぞれの句集の特徴的な一字を頭にし、その下に漢数字で篇数、下に算用数字で丁数を表記した。誹風柳多留拾遺＝拾、さくらの実＝桜、川傍柳＝傍、藐姑柳＝藐、やない筥＝筥、柳籠裏＝籠、玉柳＝玉、誹風末摘花＝末、とした。

例えば、「傍三25」とあれば、川傍柳という句集の三篇の25丁にあるという意味である。

4出典表記の意味。

川柳は、わずか十七文字の文芸である。したがって引用した句を一字違えて記載しただけでも句の意味がまったく違ってしまうことがあるし、句の作られた年代によってもその意味が異なる場合がある。川柳を専門としない方々の川柳に関する書籍には、残念ながら故意に文字を換えて都合のいい解釈をしているものを多々見かけるのである。出典表記は一般の読者には煩わしいものかも知れないが、収録句の正確を期するための、執筆者の最低限の義務であり、責任でもある。

◆収録した川柳は、テキスト通りに表記するのが最も正確な方法であるが、読みやすさを優先して、かなを漢字に、漢字をかなに書き換えた句もある。

第一章　茶の伝来

一、茶こと始め

平安初期の承和七年（八四〇）に完成した勅撰史書『日本後紀』に、

弘仁六年（八一五）四月、嵯峨天皇に大僧都《だいそうず》永忠《ようちゅう》が近江の梵釈寺において茶を煎じて奉ったと記されている。これが、我が国における喫茶に関する最初の文献のようだ。

永忠と言えば、最澄・空海などと同じく遣唐使として唐の国に渡った留学生だった。このあたりを『卯花園漫録《ぼうかえんまんろく》』〈巻之二〉（石上宣続《いそのかみのぶつぐ》・文化12年自序）に拾うと、

○日本紀云、弘仁六年に嵯峨天皇、江州滋賀へ御幸ありし時、崇徳寺の大僧都永忠、茶を煎じ奉るとあり、此時代は唐茶にて日本に茶なし、日本に茶を栽る事は、八十三代土御門院の御宇、建仁寺の開祖栄西和尚、宋に入し時、茶の種を得て帰朝す。明恵上人、此種を栂尾に栽る。よつて栂の尾を茶山と称す。其栽たる所を深瀬といふて今に存す、

とあって、この遣唐使が、唐から茶を持ち帰ったとされるが、その茶を栽培したという文献は見当たらない。我が国で茶が栽培されるようになるまでには、平安初期から数えて三百

年の後、鎌倉時代まで待たなければならなかった。遣唐使が持ち帰ったのは茶葉で、永忠が嵯峨天皇に煎じ奉ったのは、この茶葉ではなかったかと推測されるのである。この頃の茶は非常な貴重品で、いわゆる漢方薬として僧侶や貴族階級などごく限られた人々だけが口にすることができたのであった。

二、栄西禅師

遣唐使の時代が終わって三百年、我が国では鎌倉時代、中国は宋の国になっていた。臨済宗の開祖、千光国師、葉上房、別名栄西禅師は二十七歳のとき、仁安三年（一一六八）に渡宋、同年九月に帰朝。文治三年（一一八七）には、再び渡宋して首都臨安に入り、四年後の建久二年（一一九一）に帰国している。この二回の渡宋のうち、いずれの時に茶の種を持ち帰ったかは不明だが、この種を蒔いたのが、肥前と筑前の境界にある背振山だと伝えられている。

茶の種を植たかこいにけんねん寺　五一29

とあるが、「けんねん寺」は「建仁寺」の誤り。東山建仁寺は京都の東山、祇園の南にあり、開基は源頼家、栄西禅師の開山で、臨済宗建仁寺派の大本山である。有名な俵屋宗達の最高傑作、国宝「風神雷神図屏風」はこの寺の所有。その他にも重要文化財が多数。句では、栄西禅師が宋から持ち帰った茶の種を建仁寺に植えたように詠んでいるが、これも誤り。
なお、建仁寺には平成三年（一九九一）に建立された「茶碑」があり、その後方には僅かではあるが茶園も作られている。傍らに立つ案内板は次のように記している。

平成の茶苑

ご開山　茶祖栄西禅師は宋の国（中国）から我国にお茶の種子を持ち帰られました。「茶碑」後方の茶園は、「茶」将来八〇〇年（平成三年）を記念して植樹栽培した平成の覆《おお》い下《した》茶園です。
毎年五月十日頃、初摘みした茶葉を石臼で挽いた抹茶を御開山毎歳忌（六月五日）にお供えし、ご遺徳茶恩に感謝の誠を捧げます。

建仁寺　栄西禅師茶碑顕彰会

栄西禅師は、「茶は養生の仙薬なり……」と書き出した『喫茶養生記』（建暦元（一二一一）を著し、茶の効能を広く知らしめた功績は大きい。原典は漢文だが、これを現代文に直す

と、

茶は養生の仙薬であり、人の寿命を延ばす妙術を具えたものである。山や谷にこの茶の木が生えれば、その地は神聖にし霊験あらたかな地であり、人がこれを採って飲めば、その人は長命を得る

と書き出されている。

栄西禅師　両足院蔵

建仁寺「茶碑」

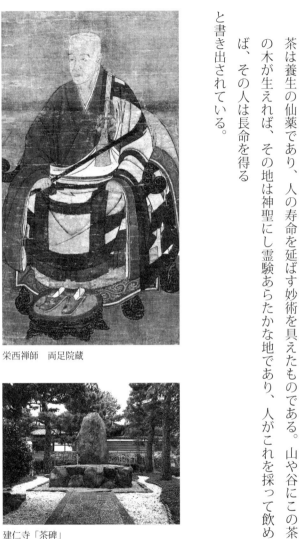

三、明恵上人

山城国栂尾《とがのお》山高山寺の開祖明恵上人は、栄西から茶の種を譲り受け、これを自ら開山した栂尾の高山寺の境内で栽培し、続いて宇治で栽培し全国に広める基礎を作ったのであった。最古の茶園があったのは、清滝川対岸、深瀬《ふかいぜ》三本木にあったという。中世以降、栂尾の茶を本茶、それ以外を非茶と呼んでいた。

栂尾山高山寺の境内には今も小規模ながら茶園があって茶が栽培されており、そこには「日本最古之茶園」の碑が建てられている。機械で丸く刈り取られた広大な茶畑を見慣れている筆者には、いささか手入れ不足のようで、ブッシュにしか見えないこともないが、思えばこれが自然の姿なのかも知れない。茶の木は、ツバキ科の常緑低木で、生長しても丈が二、三メートルぐらいにしかならないから、そのまま放置してもかまわないのであろう。

南北朝時代に書かれた著者未詳の『異制庭訓往来』（南北朝時代）には、

我朝名山者以栂尾為第一也。仁和寺、醍醐、宇治、葉室、般若寺、神尾寺、是為輔佐
此外大和室尾、伊賀八島。伊勢八島、駿河清見、武蔵河越茶、皆是天下所皆言也

とあって、高山寺で栽培した後、全国に広がっていったことが記されている。

明恵上人は、承安三年（一一七三）紀州有田郡の生まれ。八歳にして両親を失い孤児となる。九歳のとき、文覚上人および叔父上覚上人を頼って高雄山神護寺に入り、仏道修行を始める。さらに、東大寺や建仁寺にも学んだ。

その後、天竺に渡ろうとして二度計画を立てたが、その都度、春日明神に止められて、ついに渡天を果たし得なかった。その事情は、『明恵上人伝記』（義林房喜海・鎌倉中期）に記

明恵上人　高山寺蔵

高山寺「日本最古之茶園」の碑

されており、また、『古今著聞集』（橘成季・建長6年）や『沙石集』（無住道暁・弘安6年）にも取り上げられているが、細かい部分では多少の違いがある。ここでは、『沙石集』〈巻第一〉の一節を紹介する。

　春日ノ大明神ノ御託宣ニハ、「明恵房・解脱房ヲバ、我《わが》太郎・次郎ト思フナリ」トコソ仰《おほせ》ラレケレ。或時此両人、春日ノ御社へ参詣シ給ケルニ、春日野ノ鹿共、膝ヲ折テ皆伏テ敬ヒ奉ケリ。明恵房上人、渡天ノ事心中バカリニ思立給《おもひたちたまひ》ケルニ、湯浅《ゆあさ》ニテ、春日ノ大明神、御託宣アリテ止《とど》メサセ給ケリ。彼御託宣ノ日記侍リトコソ承《うけたまは》レ。ハル〴〵ト、ハナレ給ハン事ヲ、歎思食《なげきおぼしめ》ス由仰《おほせ》アリテ、御留《とどめ》アリケルコソ、哀レニ覚《おぼえ》侍レ。「サテ若シ思立候ハヾ、天竺ヘ安穏《あんをん》ニ渡リ付候《つきさふらひ》ナンヤ」ト申給ケレバ、「我ダニ守ラバ、ナドカハ」トゾ仰有ケル。其時上人ノ、手ヲネブラセ給タリケルガ、一期ノ間、香《かうばし》カリケルトコソ。

とあり、これをうまくまとめて物語性をもたせたのが、謡曲の『春日龍神』であると言っていいかと思う。

天こちもない事明恵思ひたち　安五仁5

――「天こちもない」は、とんでもない、とほうもない。天竺へ渡ろうなどとはとんでもない。

いとま乞いふと明恵ハとめられる　安四義3

――天竺に渡るので、春日明神にいとま乞いに行くと、行ってはならぬと。

明恵上人根をおしてきめられる　安九梅3

――念を押して止められる。

その理由は、

○かねてから春日明神は、明恵上人を太郎、笠置の解脱上人を次郎と呼んで、両手両足のように思し召し、特別に守護しておられるのに、いま上人が日本を去っては神慮に背くものであること。

○釈迦が在世中の時ならば利益もあるが、入滅後の今日では、この春日山が釈迦が説法をされた霊鷲山《りょうじゅせん》であり、春日野が釈迦が悟りを開いた鹿野苑《ろくやおん》、比叡山は天台山、吉野、筑波は五台山を移したものであるから、入唐渡天が無用であること。

そして、

上人が入唐渡天を思いとどまるならば、誕生から入滅までの釈迦の一代記を見せよう、というのである。やがて、春日野は、一面に金色の世界となり、八大竜王が百千の眷属《けんぞく》をひきつれて現れ、他の仏たちも会座に参会し、御法を聴聞するさまを見せる。上人がこの奇跡を見て、入唐渡天を思い止まると、竜神は姿を大蛇に変えて、猿沢の池波を蹴立てて消え失せたのであった。

天竺の芝居を明恵法師見る　安四信7
行く用がすんだで明恵よしにする　安九宮3

――右二句は、釈迦の一代記を見たので。

渡天を中止すれば、

はなむけを明恵はみんなかへすなり　安五松5
明恵上人股引が無駄になり　安四智5
唐騒ぎしたは明恵が渡唐なり　八二29

――空と唐の二義。

である。そして、渡天は中止したが、栄西禅師からは茶の種を貰ってきて栂尾に植えたのであった。

入唐を茶にして明恵持て来る　五一29

――茶にしては、中止してというほどの意。

ちなみに、『都名所図会』〈巻之六〉（秋里籬島・安永9年）を開くと、

栂尾山高山寺　は華厳宗にして本尊は釈迦如来、明恵上人の開基なり。紀州有田郡の人なり。

とあり、高雄山神護寺の東北一キロほどのところ、京都市右京区梅ケ畑栂尾町にある。

なお、これは茶に関係ないが、明恵上人を開山とする栂尾高山寺は、「鳥獣（人物）戯画」を所蔵する寺としても知られている。長らく鳥羽僧正の作と信じられてきたが、研究の結果、多数の僧が書き加えた合作だとされるに至っている。現在、甲・丙巻は東京国立博物館に、乙・丁巻は京都国立博物館に寄託保管されている。

また、江戸漫画とも言われる、略画体の戯画を鳥羽僧正の「鳥獣（人物）戯画」にちなんで、鳥羽絵と呼んでいるが、なぜか痩せて手足が異常に長い人物が多く描かれている。

人ンげんをこばして書クがとばゑ也　　明元満1

――「こばす」は、きどる。

絵に書た鳥羽ゑ足長手長嶌　　八九6

喰初の椀に鳥羽絵の鶴と亀　　一二九18

命ひろいをしましたととばゑ来る　　天七85

——病み上がりでひどく痩せている。

美しひ女房とばゑをこしらへる　安七礼4

錦絵の女房鳥羽絵に成亭主　一六四5

——美しい女房相手に励んで、亭主やせ衰え腎虚に。

生た鳥羽絵断食堂に五六人　一一四107

第二章　茶の栽培

一、宇治の茶

1 栽培

栂尾から宇治に移植された茶の木は順調に生育したようだ。土地や風土が茶の栽培に適合したのであろう。

茶は本朝《ほんてう》の極品《ごくひん》にして天下に名高く、顧渚山《こしょさん》の甘露《かんろ》にも鳳凰山《ほうわうざん》の龍焙《りうばい》にも劣らざるの産物なり。むかし栂《とがの》尾《お》の明恵《みようゑ》上人、種を異国より得給ひ、背振《せふり》山に栽置《うゑおき》てこれを岩上茶とぞ名づけたり。夫より宇治の風土《ふうど》茶園《さゑん》に可《か》なりとてこゝに栽初《うゑそめ》しなり。

とは、『都名所図会』〈巻之五〉の一節である。細かいところでは誤りのある文章だが、ともかくも我が国における本格的な茶の栽培が始まったのであった。

また、『和漢三才図会』〈巻第八十九〉(寺島良安・正徳2年)には、

そもそも茶を栽培するには、日光と春の霜に注意しなければならない。それで節分の後四十八日から八十八夜まで、蘆簾《よしず》で樹を覆い、穀雨《こくう》ののち、三、四日から新芽を摘ん

で手を加える。

などとある。

古い小唄に、

うじは茶どころさまざまに、なかにうわさの大吉山と、人のきにあう水にあう、いろもかもするすいたどし、すいなうきよにやぼらしい、こちや、こちや、こちやのなかじやもの（本調子）

とある。唄の中にある「大吉山」は、大坂屋吉兵衛が売りさばいた茶の銘である。

宇治の街に茶所の牓示杭《ほうじくい》　一二六66

——牓示杭は、境界のしるしに立てる標柱。宇治の里にはあちらこちらに「ここは茶所」などと書いた標柱が立てられていたのであろう。

葉盛りになる頃宇治の詠め也　九二35

浮かされて七ッに起る宇治の里　一六一22

夜ひと夜寐せぬが宇治の馳走也　五一2

珍客を寐せぬが宇治の馳走也　五一27

茶と鹿て度々寐そびれる宇治の里　一二八3

1　茶摘み

毎年四月に入ると茶摘みが始まる。『都名所図会』〈巻之五〉には茶摘みの絵があって、

山吹ちり卯の花咲そむる頃茶摘とて氏里のしづの女白き手拭をいただき赤き前だれを腰に翻して茶園に入り

と、説明している。

また、『嬉遊笑覧』〈巻十下〉（喜多村信節《のぶよ》・文政13年序）は、

宇治の茶つみは「狂歌咄」に宇治の里にそこら小屋多く造りて芦簾を入置たるは、八月十六夜の初霜より茶園に霜覆ひする為なり、…（略）…弥生の頃木の芽はづかに出れば茶つみの女共手ごとに籠をもちて摘たるをとり集め、甑《こしき》に入焙炉をかけ茶師の家々数十人の女、鉄漿黒く薄けさうし赤まへだれしてひとやうに出たち打ならび、鳥の羽もちて声おかしく曲《フシ》おもしろく歌うたふて上中下の茶の葉を撰わくれば、茶きゝの人は色と形と気味とを心みすくり究めて、うへつかた御物の壺につめて参る、袋には何がしの茶と銘と名とを書つけて、それ〴〵頼み来れる御方のあまたの壺にほど〴〵にまかせてつめ納る、其程立こみ入こむ輩にさま〴〵のもてなし会席茶菓子奇

『都名所図会』(竹原信繁画、安永9年〔1780〕刊)より
茶摘みの景　入間市博物館蔵

『日本山海名物図絵』(長谷川光信画、宝暦4年〔1754〕刊)より
茶摘みの景　入間市博物館蔵

麗にものして、濃茶うす茶とりぐ〵にうからぬさま云々
と記している。

牡丹散ル頃に名茶を摘ミはしめ　五一29

薫る茶も弥《いや》せんたんの二葉なり　一三四12

――「栴檀は双葉より芳し」を利かす。

笠に笠かさねて宇治の昼休ミ　五一18

日にやけた娘をほめる宇治の里　宝11天2

少しつゝ子に運ばせる茶摘笊　一三八9

一ト声ハ茶つみも笠をかたむける　五一29

――一声は時鳥の鳴き声、これを聞いて空を見上げる。

茶摘時宇治て喜撰を坊主にし　九〇40

――喜撰は茶の異名。

茶摘唄出花は声も煮こほれ　六二4

宇治の景つまんで咄ス茶摘唄　一二二別14

皆笊を提て戻りの茶摘唄　一四九26

――山城国の茶摘唄には、「宇治は茶所茶は縁所　娘やりたや婿ほしや　…（略）…お茶は揉め〳〵揉まねばよらぬ　揉めば古茶も粉茶になる」などとある。

青葉時凩のする茶の畑　一五五28

2　茶の花

白い茶の花は十月頃に咲くが、鑑賞されることもなく極めて冷遇される花でもある。『和漢三才図会』〈巻第八十九〉も、「花は白薔薇《はくしょうび》のようで、実は棕櫚《しゅろ》に似ている」と書くのみである。

茶の花ハ葉程に人にほめられず　七九9

茶の花はせんじつまつた比にさき　九三29

花よりも葉を誉られる宇治の里　一三四8

3　茶の製造

『嬉遊笑覧』〈巻十下〉によれば、茶の製造について各地の方法を取り上げて、次のように記している。

○製造に蒸焙炒鍋日曬等の製あり、蒸焙は上品なり、九州四国の製と云は明の代の法なり、宇治信楽等の蒸焙の茶は烹るに宜しく、九州唐茶の炒製は淹煎によし、其内点茶は宇治にかぎり、煎茶は信楽を勝れたりとす

と記し、また、

日本の製法は煮て炒籠にあぶりて日にほす、故に性柔なり

とも書いている。

焙炉《ほいろ》の茶蓑虫程に身の捻り　九八57

茶でさへもちゞれた方が味ジがよし　一一三5

宇治よりも育チと葉向茶を誉ル　一一九9

気のつよい御茶も宇治より育也　八九4

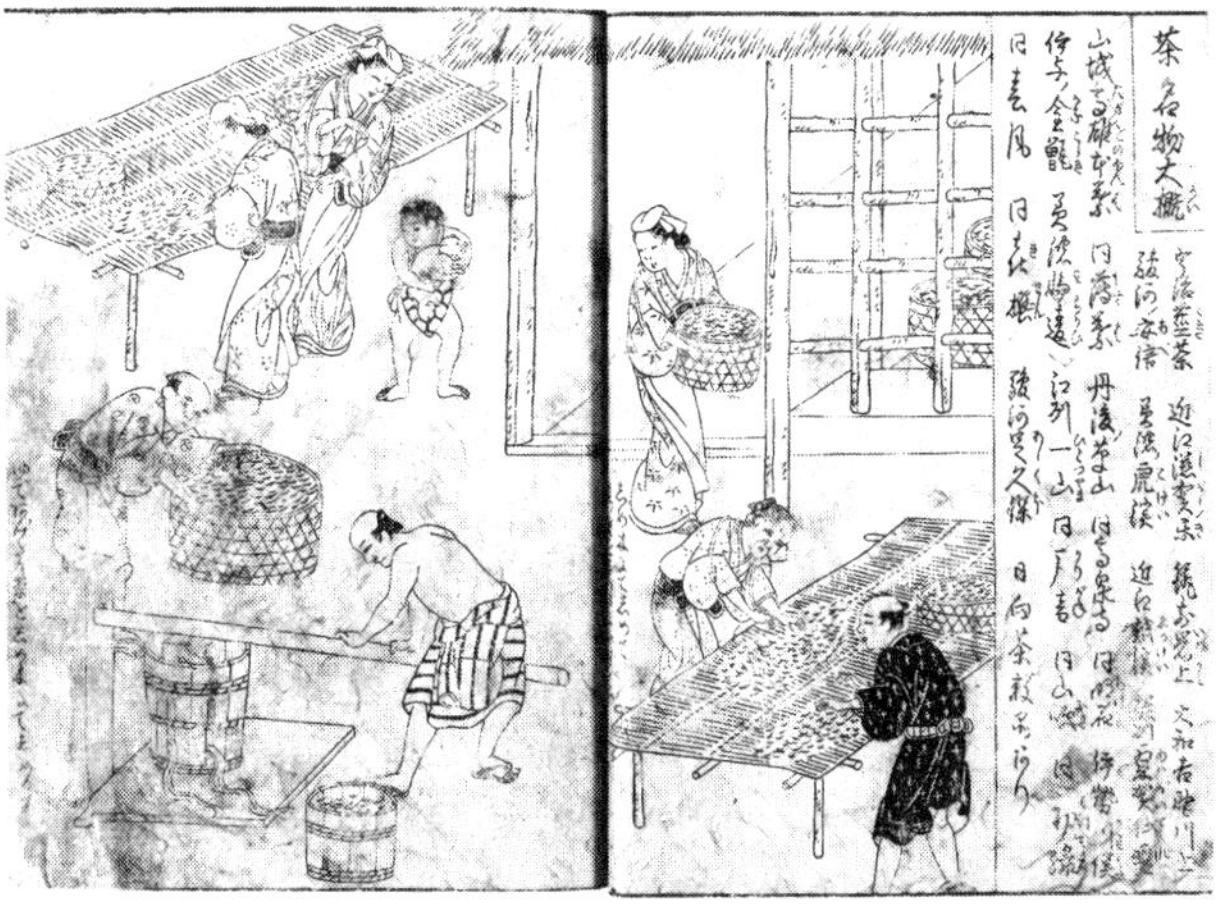

『日本山海名物図絵』(長谷川光信画、宝暦4年〔1754〕刊)より
茶の製造　入間市博物館蔵

『日本山海名物図絵』(長谷川光信画、宝暦4年〔1754〕刊)より
茶の製造　入間市博物館蔵

2 銘柄

摘み取られ加工された茶はいろいろな品種に分けられ、それぞれに銘が付けられる。とさ節の〈茶湯〉には、

いのしろおほたか鷹のつめ、年はふれ共わかもりの、姿は楢もそりの茶、ほかは別ぎもあらし山、もみぢのにしき色々に。ゑんがすくるる極むじやうなどとある。

1 後《あと》昔《むかし》

後昔は「のちむかし」とも言い、茶摘みの第二日目に摘んだ葉から製した抹茶の銘。初昔に次ぐ上等品として知られる。「初昔後昔と云ふは昔の字は廿一日と書くなり三月廿一日につみたるをはつ昔と云ひ廿一日後につみたるを後昔と云ふ」(『安斎随筆』〈巻之二十八〉、伊勢貞丈・刊年未詳)とある。

『狂歌若葉集』〈上〉(唐衣橘洲編・天明2年)に、

恋中もいまははなれて後むかし
　茶よりもうきを身にぞつまるる　一三八27

と詠まれている。

茶で産湯後昔まで釈迦ハ知り　五一29
宇治へ茶を移すははるか後《チ》昔《シ》

2　初《はつ》昔《むかし》

前項の〈後昔〉で触れたように、新芽を三月二十一日に摘んで精製した上等の茶のこと。ただし、肥前国平戸藩第十代藩主、松浦《まつら》静山侯の随筆『甲子夜話』〈三巻〉（文政4年起筆）には、

　宇治の初昔、後昔の名あるも、何とか時節ありて、其時より廿一日前に摘たるを初昔と云ひ、夫より廿一日後に摘たるを後昔と云ふとぞ。是も廿一日の字を合せし也。

とあって、『安斎随筆』の記述とは若干違うのである。そこで調べてみると、八十八夜前後の二十一日間の前半に葉を摘んだものを初昔と言い、後半に摘んだものを後昔と言うのが

『江戸職人歌合』（石原正明著、文化5年〔1808〕序刊）より
茶屋の店頭に見える「初昔」　たばこと塩の博物館蔵

正しいようだ。
　近松門左衛門の浄瑠璃『卯月《うづき》の潤色《いろあげ》』〈中之巻〉（宝永4年）に、ちと読みにくいが、原本のまま掲載すると、次のようになる。

けふ《今日》ははる〱き《来》ましたちや《茶》屋でこなたのまいるちや《茶》はしんざう《新造》のふり《振》がつめ《詰》ちや《茶》か。たゞしははく《白》のしろ《白》ちや《茶》か。ふろ《風呂》でたいたせんぢちや《煎茶》かわしがやうなうすぢや《薄茶》は。か《交》はした詞もさめきつてみづ《水》くさふてのま《飲》れまい。たがひにこび《恋・濃》茶のはつむかし《初昔》はわしはわす《忘》れはしませぬと。ころも《衣》のそで《袖》にひつたりといだきついてぞな《泣》きにける。

蓬莱でのまばや宇治の初昔　一〇四26
茶呑友達はなしさへ初むかし　一一八13

茶と斗名にのみ今ハはつむかし　拾九13

3　鷹の爪

宇治茶の銘である。抹茶にする上等な茶。

茶は栂尾の明恵上人より、皇国に起るといへり。後世あまねくおこなはれて、さま〴〵の銘有、岩瀬年登いふ、下学集に、鷹爪好茶之異名也と有。此茶の銘は、劉《りゅう》禹《う》錫《しゃく》が茶の詩に、生拍㆓芳茸㆒鷹觜芽といへる、詩より出たるかといへり、さもあるべし。

とあるのは、随筆『野乃舎随筆』（大石千引・文政3年跋）の一節。当たっているかいないかは別として、ともかくも紹介しておくことにする。

『飲食狂歌合』（六樹園編・刊年未詳）に、

せんじ茶の鷹の爪ほどあいさつを
　つまんではなす恋のなかだち

芽を出すとぢきにつまれる鷹ノ爪　四一38

和らかな手てつんて居ル鷹の爪　七六13

穂をつんだとハ思はれぬ鷹の爪　一一三9

――諺、「鷹は死すとも穂はつまぬ」の援用。

うぐひすやうづらでものむたかのつめ　三三25

鴬や鶉をつまむ鷹の爪　六七13

――鴬は「鴬餅」、鶉は「鶉餅」。鳥で縁語仕立ての句。

色も香も能ゥはかくさぬ鷹の爪　五一27

――諺、「能ある鷹は爪を隠す」の援用。「色も香も」は、最初に引いた小唄の中にある文句で、これも文句取と考えてもいいかも知れない。

鷹の爪呑で隠居は気かそれる　五一28

――「それる」は鷹が逸れるの利かせ。

宵に鷹呑ンで雀の声を聞キ　五一30

――明け方まで眠られず。諺、「鷹に雀」の援用。

鷹の爪ほふしる下女か鷲つかみ　五七12

鷹の爪土瓶へ下女は鷲つかみ　八五24

――鷹と鷲の縁語。

七色の中てはのきく鷹の爪　七〇12

――茶漬屋で出す料理に七色茶漬というのがあった。

立ッ客をしばしおさへる鷹の爪　八一12

――鷹が獲物を押さえるように。

鷹の爪しらふの人か好む也　一二八39

4　喜《き》撰《せん》

喜撰も茶の銘柄の一つ。また、茶そのものをも言う。

喜撰といゝやす。せんし茶の一さ。喜撰の新ときては煎茶家のひねる所さ。折鷹雁金もよいが喜撰にや及ばねへ

とあるのは、洒落本『讃極史《さんごくし》』（千代丘草庵主人・寛政7年）の一節。

『柳庵随筆』〈八之巻下〉（栗原柳庵・刊年未詳）に、

茶の価　御茶目録価附。…（略）…喜撰。代五匁五分。

とあって、その価格を知ることができる。

業平は煮られ喜撰ハ煎じられ　三七30

喜せんハ秤業平ハ升て売　六三1

なりひらときせん秤と升でうり　四〇16

──喜撰は銘茶、業平は業平蜆《しじみ》。

茶ハ喜撰蜆業平紅小町　一二二18

──紅は小町紅。

きせんなら裸の茶だと信濃言ヒ　三七36

──「着せん」との誤解。

紫と喜撰ハ江戸の水に合　六〇3

紫にまけず喜撰も水に合　七六14

──紫は江戸紫、染め物も茶も江戸の水に合う。

有がたさ上水で煮るきせんの茶　一〇一11

──上水は玉川上水。

5　極《ごく》揃《ぞろえ》

宇治産の精製された最上の挽き茶の銘。濃茶に用いるもので、葉の揃ったものを挽いて製する。喜多村筠庭の随筆『嬉遊笑覧』〈巻十下〉には、

○茶に極揃別儀揃と云あり、別儀は珠光松葉の真壺に茶をつめしに、真壺あまり持すぎて茶焦る故に、宇治へいひ遣し蒸を少しくさせしなり、薄葉の上をば別儀と云ふことなり、

とある。

茶摘時宇治の娘も極揃　九三15

宇治の里茶摘のたぼも極揃ひ　九七33

お上りの茶摘娘も極そろい　一一九3

以上三句は、茶摘娘を詠んだもので、茶摘みの項に入れるべき句だが、〈極揃〉の茶の銘が重要なので、ここに並べた次第。

正面で挽のはお茶の極揃ひ　一六四23

ひまな事茶ひきの顔も極そろひ　九二34

――二句、吉原張見世で御茶を挽いた遊女。

6　山吹

宇治の茶には、山吹という銘の茶もあったようだ。高級品ではないが、値段も手頃で広く賞用されていたようである。烏亭焉馬《うていえんば》の咄本《はなしぼん》『無事志有意』〈茶漬〉（寛政10年）に、

宇治の茶に山吹といふが有から

とあり、夢中山人の洒落本『南閨雑話』〈馴染の体〉（安永2年）に、

［里］みどりやモフ湯はわひたか［禿］よヲふく。わきいした［里］そんならノその山吹をよヲふく。ほうじて入レや［禿］どれへ［里］ヱ、モフこの子は。それナきのふ。道さんの所から。来た茶よ［禿］ヱ、是かへと（たんすの引出しより出ス）［里］ム、それよ。夫レをよヲふく。ほうじて入レやヨ。

などとある。

茶の山吹も玉川の水にあい　一一九18

玉川土瓶山吹を入て出し　一一九18

7 初音

初音については左の一句があるが、文献が見当たらず詳細を明らかになし得ない。

鳥飼の鴬餅に茶も初音　一四〇26

——鴬と初音の縁語仕立ての句。

3 補遺

1 蛍

宇治で有名なものに、もう一つ蛍がある。形が大きいことで知られ、源三位頼政の霊魂が蛍になったという言い伝えもある。

様子《やうす》有て上方住居《かみかたずまゐ》過し卯月の中空《なかぞら》に都の辰巳《たつみ》宇治の船焦れ寄る辺の蛍狩に思ひ初たる恋人と、語らふ間さへ夏の夜の、短い契りの本意ない別れ、

とあるのは、山田案山子の浄瑠璃『生写朝顔話』〈宿屋の段〉（天保3年）の一節。

茶の外ヵにま一ッねせぬ宇治の里　宝13宮1
名物のふたつて宇治ハ夜をねせず　二八10
茶畑の茂りニ昼も光ッてる　二八33
茶に蛍宇治ハ寐られぬ馳走也　五九33
蛍狩り茶の木ですねへ疵を付　一二七103

2　御茶壺道中

この項を終わるにあたり、もう一件追加しておきたいことがある。「御茶壺道中」という大がかりな御茶運搬作業が行われていた。

その起源は、慶長十八年（一六一三）、江戸幕府が宇治茶の献上を命じるべく宇治採茶師を派遣したのに始まる。元和年間（一六一五～二四）には使番が使者に任命されて運んでいたが、徳川家光の時代の寛永九年（一六三二）に制度化されたのである。立春から百日後頃、江戸から東海道を経由して宇治に茶壺を送り、御物茶師の上林家で茶詰めをし、同時に禁裏へも献上、帰路は中山道・甲州街道を経て、土用の二日前に到着するならわしであった。

将軍家の御用であったため、上下とも盛大な行列で、一時は千人を超えるようになり、沿道の村々では大きな負担を強いられたようである。

なお、根岸鎮衛《やすもり》の随筆『耳嚢《みみぶくろ》』〈巻之二〉（天明2年起筆）に、「好色もの京都にて欺れし事」という項があって、

年く御茶壺の御用にて上京し侍べる御数寄屋のもの語りけるは、或年江戸表より登りしゑせもの、「京女郎はいかにもやさしく、あづまなる女とは違ひぬると云ふ事なれば、哀れ京都にて傾城・遊女はかたらふ事も安けれど、常の女と交りをなし家土産《いえづと》にせんもの」と、宿の主《ある》じに語りけるに、あるじ答て、「少し入用をだに掛けなば大内の官女にも契りなん」と有る故、大に歓び頻りに心うかれて、

とあり、その後、見事に欺かれたという話が書かれている。御茶壺道中に直接関係はないが、御茶壺御用の数寄屋の話とあるので、とりあえず紹介しておくこととした次第。

覆面で摘のハ賎の冥加也　四〇27

御上リの鷹は穂をつむ宇治の里　五四12

御茶壺へつめるハ宇治の三番叟　三八26

――「三番叟」は、能楽で「翁」の曲に出る老人の舞。これが歌舞伎に移入され、顔

見世や初春の興行の幕開けに行う。即ち、最初に摘んだ茶ということ。

御茶壺の泊り一宿寐そびれる 四八18

御茶壺が泊り宿々寐つかれず 八〇30

——二句、緊張して寝られず。茶と寝られぬの縁語仕立て。

御茶壺に口取ハ出て立て居る 八一3

——口取は牛馬の轡《くつわ》を取って引く者。警備のために。

御茶壺の道筋に先ッ数寄屋橋 一〇〇138

——御茶と数寄屋の縁語仕立て。

二、その他の茶

1　伊勢の茶

伊勢国（現・三重県）でも古くから茶を産出していた。延喜年箇（九〇一～九二三）、飯盛山浄山寺の住職玄庵が、空海直伝の製茶法を伝承、伊勢に茶の種を植えたことに始まるという。これを細分すると、水沢《すいざわ》茶・鈴鹿茶・亀山茶・大台茶・度会《わたらい》茶・飯南茶・越賀茶などと呼ばれていたという。

本国はいせて名茶ハ伊勢の山　七六15

――「伊勢の山」という銘の茶があったのであろう。

2　相良の茶

肥後国（現・熊本県）相良から産出した茶。村田了阿編の『増補俚言集覧』〈中〉（明治33年）に「相良茶　肥後の名産焙ずに煎してよし」とある。

相良茶も二番煎じでききがよし　九二10

――二番煎じでも利きがいい（十分飲める味）。

3　駿河の茶

松尾芭蕉に、

駿河路や花たちばなも茶の匂ひ

とあるように、駿河国（現・静岡県）は古くから茶の名産地だった。

イ　安倍茶

府中宿の西側を流れる安倍川の流域で産する茶である。

〈心静に身をおさめ、色道は気さんじにやみて、南明の窓をたのしみ、石菖《せきしやう》蒲に目をよろこばし、中間買の安部茶、飯田町の鶴屋まんぢう、女ばかりの一日暮し

とは、西鶴の浮世草子『好色一代女』〈巻四・二〉（貞享3年）の一節。また、同じく西鶴の浮世草子『色里三所世帯』〈江戸の巻〉（貞享5年）にも、

〈まづ男世帯にして四五人、飯はまはり焼に、安倍茶の荷ひ売と見えしが、駿河よりかせぎに下り、中にも二十五六なるさかんの男、ふんどし掻直して無常を感じ、

などと見られる。

餅も茶も扨安倍川ハ悪ルク無シ　五一30
駿河路でおなじ地名の茶とちや請　九九98

——安倍茶と安倍川餅。

阿部の安茶ハ屑の葉のやうにみへ　一〇三43

——泉州信田の庄司の娘に化けた白狐、安倍保名、「葛の葉」の利かせ。

ロ　足久保

『東海道名所図会』〈巻之四〉は、

名産阿部茶　府中の北二里許、足久保より出《い》づる。多くは江戸にて用ふ。上方宇治・信楽に類す。

と記す。細かく言えば、安陪茶の内足久保という地域で産出する茶を〈足久保〉というのであろうが、「図絵」は〈安陪茶〉とひっくるめて書いていることになる。

芦久保とゐくぼで茶見世にへ返リ　四七10

あし久保ハ茶で手のくぼハ握り飯　九〇10

芦久保を手のくぼほどな御うつり　一〇〇126

——「手のくぼ」は、掌を内側へ曲げると出来るくぼみ。

4　下妻の茶

常陸国（現・茨城県）下妻で産出した茶。卜ゝ斎の洒落本『風俗八色談』〈二之巻・野水問答の事〉（宝暦6年）に、

　朝喰へば晩には杖を突く身のうへにも。薩摩焼の土瓶に下妻の渋茶を飲で。足る事をしるやら知らぬやら。

などとある。

下《モ》妻の上茶とんびの爪くらい　四九41

――下妻で産出する上茶は、宇治の〈鷹の爪〉に及ばぬ「鳶の爪」程度。

5　播磨の茶

播磨国（現・兵庫県）で産出した茶。

はりまの茶浦山へだてのみに行《キ》　天元義1

――和歌三神、即ち住吉（摂州）・玉津嶋（和歌浦）・人丸（播磨）のうち、玉津嶋は若

いので、これをさておいて、住吉は人丸の所へ茶を飲みに行ったという謎句。

第三章　茶と職業

一、新茶売り

四月に入ると、江戸に新茶売りが登場し、新茶を売って歩いた。相当急いで売り歩いたようだ。

茶のはしり才布に入レてうりに来る　安七信4

——見本に少しばかり。

新茶売足くぼらしくつまミ出シ　明元叶2

——足久保は江戸で人気の茶だった。

卯の花と新茶へ松魚突当り　五二20

——四月八日の灌仏会《かんぶつえ》には、各戸に卯の花をさす。その卯の花売り、そして初鰹売りが江戸市中を駆け回る。

めつらしいうをを見て行しん茶うり　安六義5

——江戸初夏の初鰹。

壱文が茶を買ふ上で時鳥　傍二28

——初夏に時鳥が飛来する。

ちいさい銭をくださいとしん茶うり　安八智4

——釣り銭がいらぬように。

茶ハいそぐ西瓜ハふらりく来ル　安五桜2

よくどしくしてすてゝ行ク新茶売　明五宮1

——けち臭く何度も使った試飲用の茶葉を捨てて行く。

四里四方見て来たやうな新茶売　宝12信3

——四里四方は江戸全域の意。国に帰った新茶売りが、江戸中を見てきたような自慢話をする。

二、茶売り

茶売りは、芝居小屋の中売りに飲み物の茶を売る者のこと。

洒落本『当世気とり草』（金金先生・安永2年）に、

戯台《ふたい》のすき間は木曽海道の蝿のことく集《たかる》。茶売の不遠慮に大股なる。割込酒直《さかて》を取

て却て人のひさを痛む

と見える。

しかられる茶うりへのこをふみにしり　天五花3

——幕間の中売りに切落しを歩く茶売りが、はからずも男客の大事な所を踏みつけて大目玉を喰う。

よわそうな男を茶うりまたぐなり　天六松2

芝居の茶壱文遣ッてしかられる　安五智3

——二文が相場、のちに四文となった。

また、下馬先の茶売りも存在した。下馬先で、供待ちの者などに茶や食物を売ったのである。特に寒い冬には、暖かいお茶や、煮しめ、煮込み、それに酒などを販売した。いずれも簡単な台を置いての商売である。

下馬の雪茶うりの側は丸ヶ消へ　宝11満1

——一面に降り積もった雪も、茶売りのまわりは人に踏まれて、丸く消える。

三、売茶翁《ばいさおう》

煎茶の祖・茶神と称される売茶翁は、本名柴山元昭また高遊外、号は月海、肥前国蓮池の人で黄檗宗の僧であった。のち還俗して京都で茶を売りながら放浪の生活を送り、売茶翁と呼ばれるようになった。京都東山に「通仙亭」という茶店を構えたが、これが日本初の喫茶店と言っていいであろう。茶銭を入れる筒には、「随所茶店を開く、一鍾《しょう》是一銭、生涯唯だ箇の裏に在り、飢飽は天然に任す」と題していた。

売茶翁の奇行は、当時の禅僧の在り方への反発であり、真実の禅を実践したものだったとも言われている。当時の仏教は寺請制度により、布施という安定した収入源を得たことにより、安逸に流れていた。また、禅僧の素養として抹茶を中心とした茶道があったが、これを形式化したものと批判し、煎茶の普及に傾注したのであった。

著書に『売茶翁偈語《げご》』(江戸中期)があり、親交の深かった相国寺第百十三世、大典顕常による「売茶翁伝」が巻頭を飾っている。が、ここでは伴蒿蹊の随筆『近世畸人伝』(巻之二、寛政2年)を引用しておこう。即ち、

翁七十にのぞみて復《また》国に還り、自《みづから》僧を罷《やめ》、其国人のつかへて京にあるものの下に名

をよせて、十年の限リを免《まぬがれ》んとこふ。国もとより翁の為人《ひととなり》を信ずるゆゑに、これを許す。こゝにして自ラ高《かう》を氏とし、遊外《いうがい》を号とし、笑《わらふ》て人にかたりていふ、吾貧して肉をもちゐず、老て妻をよろこばす。葛巾野服《かつきんやふく》茶を売のすぎはひかなへり、と復《また》京に去ぬ。凡《およそ》人茶を売ことを奇として称すといへども、翁の志茶にあらずして、茶を名とす。其平居綿密の行ひはしる人まれ也。…（略）…終に蓮華王院《れんげわういん》の南、幻々庵《げんげんあん》にして化《け》す。世寿八十九。宝暦十三年　癸未《みずのとひつじ》七月十六日也。

と記している。

昼までハ娘にかハる売茶翁　九二12

極かハき浅黄立寄る売茶翁　一〇一7

——昼までの二十軒茶屋は年寄りが店番。

売茶翁よく寐た晩ハ拾ひもの　一一八29丙

——茶を飲むと寝られぬものだが。

世の人をうかしてあるく売茶翁　一二六68

額堂に独り墨絵の売茶翁　一三六36

——額堂は、神社・仏閣などで奉納された額を掛けておく堂。

なお、京都鴨川にかかる北大路橋の東詰北に、煎茶道関係者による「売茶翁没後二百五十年記念碑」が建てられている。平成二十五年（二〇一三）の設置だからまだ真新しい。

碑文には、

遊鴨河煮茶
担茶具出蝸舎
択檻泉遊鴨河

『茶売翁偈語』
（伊藤若冲画、宝暦13年〔1763〕刊）より
売茶翁　入間市博物館蔵

京都鴨川の北大路橋の東詰北に建つ
「売茶翁没後二百五十年記念碑」

鼎裏非人間味
神仙何覓瑶池
　売茶翁高遊外
　　黄檗亘令書
　　　印文黄檗山主　亘令

と漢詩が彫られている。これを読み下せば「鴨河に遊び茶を煮る　茶具を担い蝸舎を出で檻泉を択んで鴨河に遊ぶ　鼎裏人間の味に非ず　神仙何ぞ瑶池を覓《もと》めん　売茶翁高遊外」となろう。副碑文には、

売茶翁高遊外（一六七五〜一七六三）名は高遊外、人は売茶翁と呼んだ。江戸時代、佐賀県蓮池に生まれ、十一歳で出家。黄檗宗僧侶から五十七歳で還俗、京に上る。鴨川畔など風光明媚なところで往来に茶を振舞う。翁を慕い池大雅や伊藤若冲など人が集い文化サロンを形成。お茶を急須で淹れる方式が評判となり、その後煎茶が全国に普及した。その精神世界は後に煎茶道の世界に受け継がれている。

と。ちなみに、売茶翁の木彫の座像が宇治の黄檗山萬福寺にある。

四、山本山

山本山は、日本橋通二丁目にあった、すこぶる有名な茶舗であり創業は元禄三年（一六九〇）、現在も営業を続けている老舗中の老舗である。方外道人の『江戸名物詩』は、

買者《カフ》ノ立チ並テ客如シレ市ノ　番頭手代少モ無シレ間《ヒマ》　一ッ時売《ウリ》出ス三千斤　多クハ是自園ノ山本山

と書いていている。

山本山て金時を茶うけにし　九〇7

――謡曲『山姥』に「山又山に　山めぐり」とあり、その捩《もじ》りで、小豆餡の金時を配した趣向。

後の三句は直接山本山を詠んだ句ではないが、関係句として採録しておく。

山本は茶にされないと越後勢ィ　七九21甲

――山本は甲斐の軍師山本勘助。

彦七と勘助うまい梅びしほ　八四15

――彦七は南北朝の武士大森彦七で、大森に梅びしほの名物があるという句。

山本を入て越後の菓子を出し　八四16

御茶所
山本
やまもと
御茶所

「山本茶店前美人」(歌川国芳画、嘉永元年〔1848〕) 入間市博物館蔵

――山本は山本山の茶の意。

五、上《かん》林《ばやし》

徳川家の家臣、上林越前守政重。たびたびの戦功があったが、天正十八年（一五九〇）、宇治に起居し剃髪して竹庵と号し、徳川家御用達の茶師となった。しかし慶長五年（一六〇〇）、家康東上の際、伏見城籠城を願い出て討ち死にした。

平等院の門前町には「上林の子孫云々」という看板を掲げた茶屋があって、今に営業を続けている。

はたけへも手水で見舞かんばやし　宝10満2

――幕府御用の茶を育てているので、茶畑へ行くにも手を洗って行く。

茶にされぬ勇気ハ宇治の上林　一二四92

四切ﾘに討死茶師の恩忠節　一五九13

――四切りは正しくは四限と書き、商家で四つ（午後十時）を門限とすること。商家となっていた上林だからこの言葉を使ったまでで、実際の時間を表しているわけではない。

煮へかへる軍中て死ス茶師の忠
別中7

討死の茶師の咄も極昔
一五三23

『人倫訓蒙図彙（じんりんきんもうずい）』
（著者不明、元禄3年〔1690〕刊）より　茶師「上林」　個人蔵

六、通　円

通円は、宇治橋のたもとで旅人に茶を供したという立場茶屋。初代通円は元々は源頼政の家臣で古川右内という武士だったが、晩年隠居して頼政の「政」の一字を賜って太敬庵通円政久と名乗り、宇治橋の東詰に庵を結んだのであった。しかし、治承四年（一一八〇）に、頼政が以仁王を唆《そそのか》して謀反を企て治承の役を起こすと、通円はこれに参戦して討ち死にした。その後、子孫代々は通円の姓を

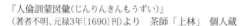

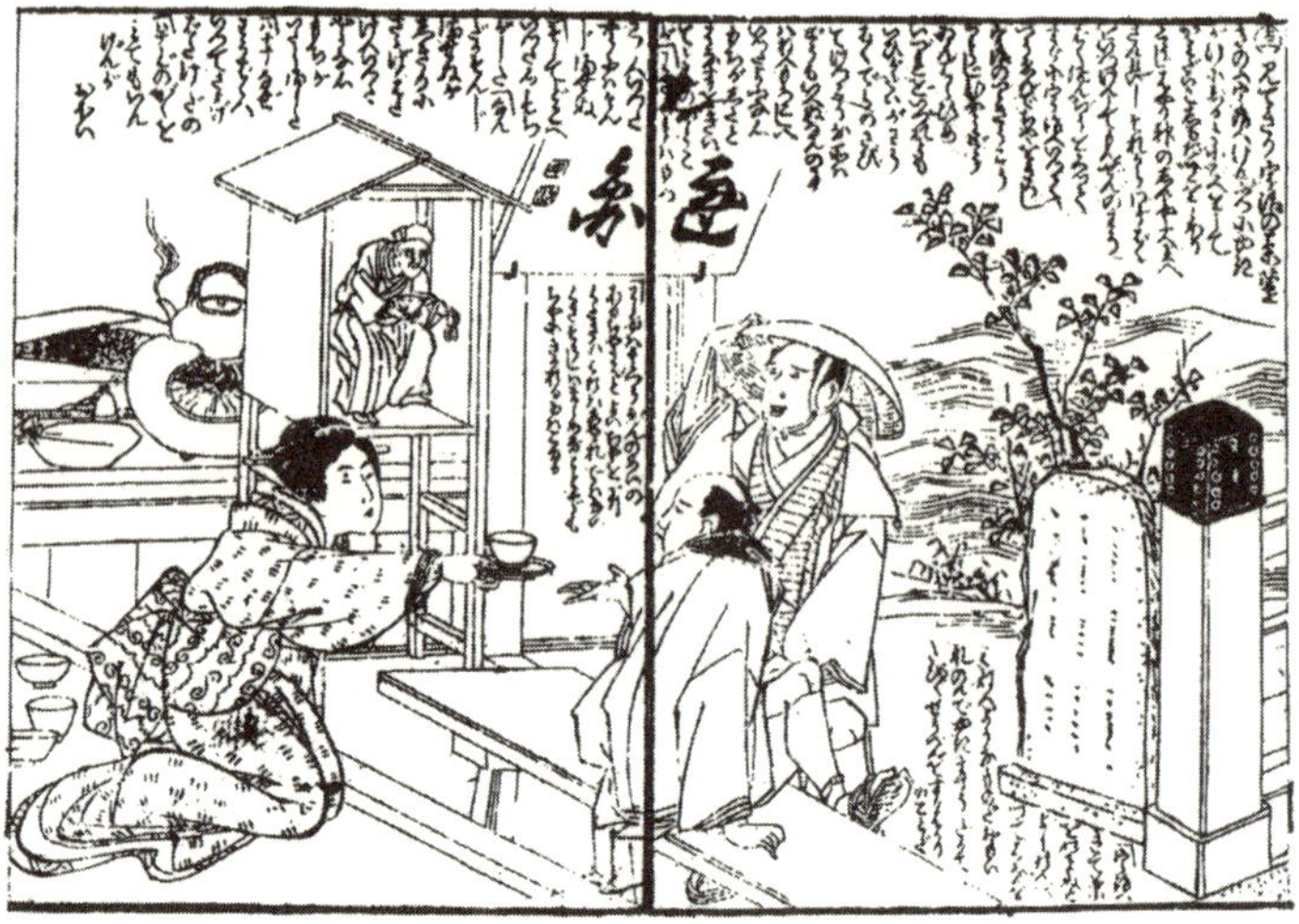

『臍沸西遊物記(へそがわかすさゆものがたり)』(歌川秀麿画、享和3年〔1803〕刊)より
通円茶屋　個人蔵

現在も宇治橋のたもとにある「通円茶屋」。この建物は、寛文12年(1672)に建築され、江戸時代の町屋の雰囲気を残す。

名乗り、宇治橋の守護職を仰せつかり、道行く人々に茶を供してきたとのこと。

『都名所図会』〈巻之五〉には、

通円が茶屋　橋（宇治橋）のひがし詰にあり。いにしへよりゆきゝの人に茶を調て、茶銘を商ふ、茶店に通円が像あり。

とあって、挿絵も描かれているが、通円が茶屋そのものは小さく描かれていてひどく見づらい。

また、能の「頼政」を茶化した狂言に『通円』があり、その一節を紹介すると、

僧　これは　この所初めて一見の僧にて候が、あれなる茶屋を見れば、茶湯を手向け、よしありげに見えて候。謂れのなきことは候まじ、教えて賜わり候え。所の者　さん　候《そうろう》、あれは　古《いにしえ》　この所に、通円と申す茶屋坊主《ちやゃぼうず》の　候《そうら》いしが、宇治橋供養の時、ついに茶を點《た》て死《じに》にせられて候。すなわち今日《こんにち》命日にて候間、ゆかりの人の手向けたる茶湯にて候べし。お僧も逆縁《ぎゃくえん》ながら弔《とむろ》うて御通りあれかしと存じ候　僧　ねんごろに御教《おんノし》え　祝《しユう》着《ちゃく》　申して候。さあらばあれへ立ち越え、弔《とむろ》うて通ろうずるにて候。所の者　御用のこと候わば、重ねて仰せ候え。僧　頼み候べし。所の者　心得て候。

などというのである。

店の中には数百年を経た茶壺が並び、一休和尚（1394～1481）が作ったと伝えられる「初代通円」の木像が祀られている。

通円が茶屋テ旧跡の道を聞キ　三二12
通円ハ宇治ある家の立場茶屋　八四22
——宇治と氏の掛詞。

この「通円が茶屋」の創業は永暦元年（一一六〇）、これは初代の通円が隠居して庵を結んだ年のようだ。そして先にも触れたように宇治橋の守護職を務めていたのであろう。

ものの本によると、初代通円が創業当初から茶を扱ったように書いたものもあるが、これは暴言で眉唾もの。当時、まだ中国から茶は伝わっていない。永暦元年と言えば平安末期、平治の乱に敗れた源義朝が逃亡中尾張で殺され、捕らえられた義朝の子頼朝が翌年伊豆の蛭が小島へ配流されるという大事件があった頃である。

二度渡宋した栄西禅師が、一度目に帰朝したのが、文治三年（一一八七）、二度目の帰朝が建久三年（一一九二）である。仮に二度目の帰朝のときに茶の種を持ち帰り、これを九州の背振山に植え、その後明恵上人に渡って栂尾高山寺で栽培、それがやがて宇治に植えられて全国的に広まったとすると、かなりの年月が必要であったろう。昨今では、茶の増殖は接木によって行われるよし、それでも四年から八年の歳月を要するという。当時の栽培法がどんなものであったかは知る由もないが、栄西禅師が持ち帰った種から、一般に供給されるようになるのには、少なくとも四、五十年の歳月を要したのではなかろうか。だとすれば、西暦一二〇〇年の半ば頃になる勘定である。初代通円の子孫が茶を扱えるようになったのは、子供あるいは孫の時代、あるいはもっと下ってからのことになるかも知れない。

『都名所図会』〈巻之五〉には、「茶店に通円が像あり」と書かれ、今も店先に飾られている初代通円の像は、七代目通円の時、一休禅師が彫ったものだという。

また、『嬉遊笑覧』〈巻十下〉には、

○一服一銭は「職人尽歌合」に煎物売と番《つが》ひて出たり、其絵、法師の托子に茶盞をすゑて茶筅にて茶をたつる処々なり、其詞に、こ葉の御茶をめし候へと有、こは小葉にて小芽の茶といふ、思ふに宇治の通円などかゝる者にて有しなるべし、是今の水茶屋といふものゝ始なるべし。

とあって、通円などが水茶屋の濫觴《らんしょう》だろうとしている。

この「通円」は今、「株式会社通圓」として存続し、第二十三代目の子孫が会社を経営している。その建物は寛文十二年（一六七二）に建てられたもので、江戸時代の町家の遺構が残されているという。

宇治を訪れた際には、ぜひ立ち寄ってみたい、「超」のつく老舗中の老舗である。

第四章　茶と日常生活

一、公家の場合

公家と茶を詠んだ句は皆無と言っていいが、次の二句が見られる。

公家の下女茶がまの前と号けたし　七九15

——例えば、官女を「菖蒲の前」などと言うように、茶を沸かしたり給仕をするのが仕事だから、「茶釜の前」と名付けたらどうだろうかと言うのである。公家に下女がいたかどうかは問題ではない。これが川柳の諧謔なのである。

かり衣ハ茶を呑ム度にうでまくり　宝九梅

——「狩衣」は、平安時代の公家の常用略服である。これを着て茶を飲むときは腕まくりをしいと飲めない。高貴な公家が腕まくりするというのが面白い。平安時代には茶はなかったと言われても困る。時代を無視するのが川柳の面白さの一つでもあるからだ。

二、武家の場合

武家と言っても、殿様はなかなか登場してこない。御殿女中やお茶の間などもっぱら女性が活躍している。

1　御殿女中

将軍家や大名などの奥向きに奉公している女たちを御殿女中・奥女中、単に女中とか御殿者と言った。喜多川守貞の随筆『守貞謾稿』〈巻之十二〉（嘉永6年）には、

御殿と云ふは柳営を指すの称なれども、今俗は大名等の女房たちを惣名して御殿女中あるひは御主殿風など云ふなり。御主殿と云ふは、幕府の姫君の大名に嫁したまへるを云ふ。けだしこれに二品あり。上を御主殿、次を御住居と云ふ。差別の制あることなり。また今俗は自他の妻を女房と云ひ、堂上女房を御所女中、武家女房を御殿女中と云ひ習はせり。

と書いてある。

茶をのんでやかたの女中きたひられ　明元叶1

――屋形舟に乗った女中、茶を飲んでやっと舟に慣れたのであろう。

桟敷から女中なんだか茶やへかけ　明五信2

――芝居小屋の桟敷から、芝居茶屋の者に何か声を掛けたのであろう。「茶をかける」と「話し掛ける」の掛詞。

茶の御あしおきやと御菜にいつて出ル　明四仁4

――どんな茶屋から出て来たかわからないが、供の御宰《ごさい》に代金を払っておけと命じる。

生酔をしよつて女中をまつ二ッ　安四満1

――これは花見の景。生酔いを担いだ男が、御殿女中の行列を横切ったのである。

女中様先ンこくからと出合茶や　安五智4

――代参と称し、御台所に代わって奥女中が、上野寛永寺や芝増上寺へ詣でることがある。日頃ストレスを溜めている女中たちは、この時とばかり、芝居見物・陰間買い、情人との逢瀬などに羽目を外すのである。大奥の女中頭絵島が信州高遠に流されたのも、歌舞伎役者生島新五郎との密通事件が発覚してのことだった。これは実話である。

花やちるらんて女中をこわからせ　一二24

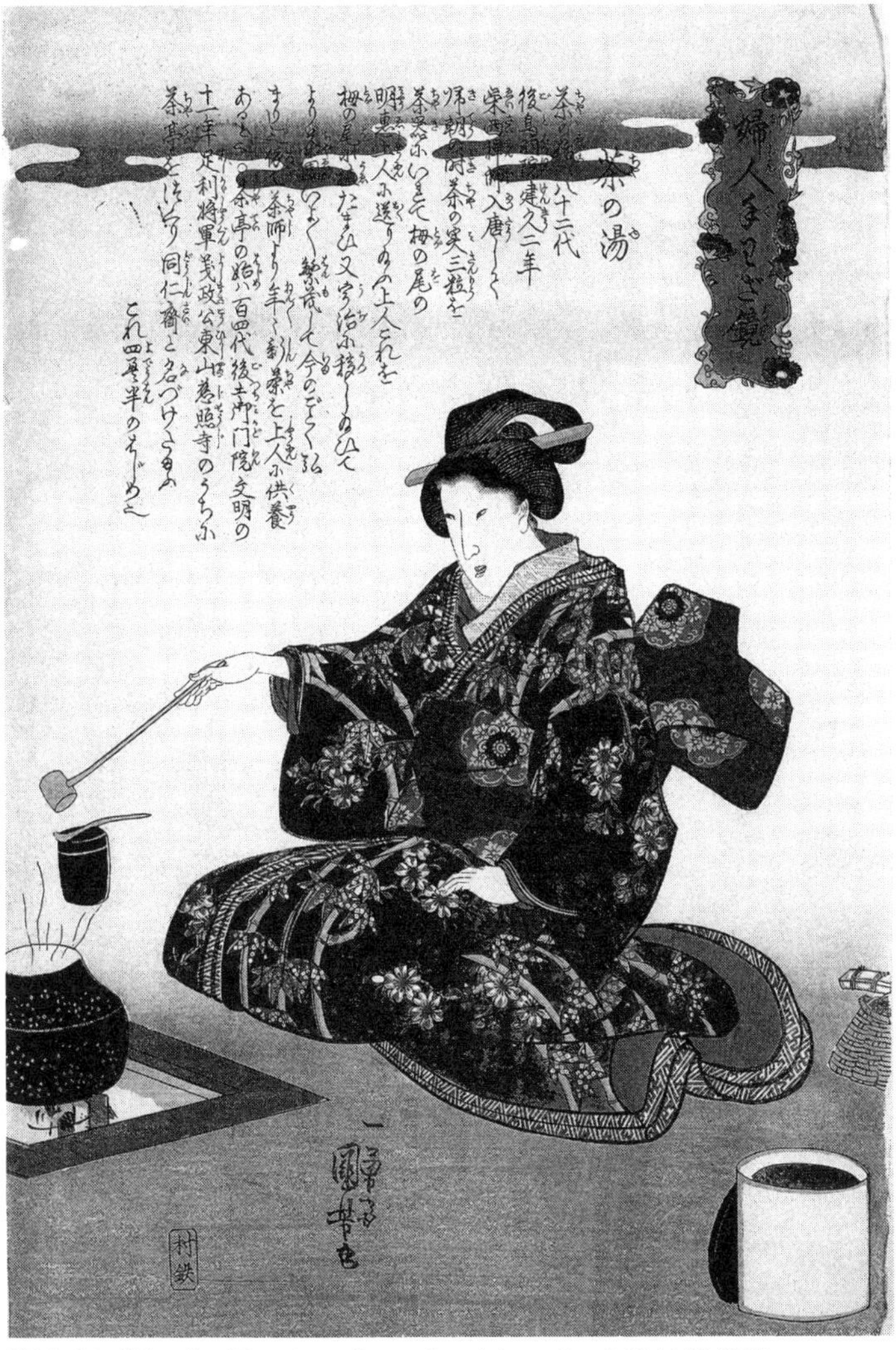

「婦人手わざ鏡　茶の湯」（歌川国芳画、天保15年〔1844〕）　入間市博物館蔵

――「花や散るらん」は、謡曲『熊野《ゆや》』で熊野が短冊に書いた和歌「いかにせん都の春も惜しけれど馴れし東の花や散るらん」からの文句取。なお、同『熊野』には、「なうく俄に村雨のして花の散り候ふは如何に」など、しきりに雨に関する記述が多いことから、俄雨が降るぞと「こわがらせ」ということになる。

2 茶坊主

茶坊主とは、室町時代から江戸時代に存在していた武家の職名である。帯刀せず剃髪姿だったので「坊主」と呼ばれているが、僧ではなく武士階級に属するのである。茶道坊主・数寄屋坊主・茶屋坊主・茶職などとも言う。その職は、将軍や大名の周囲で茶道のことを掌《つかさど》り、来訪者の案内接待をはじめ、城内のあらゆる雑用に従事した。初期には同朋衆《どうぼうしゅう》などが取り立てられていたが、後には、武家の師弟で、年少より厳格な礼儀作法や必要な教養を仕込まれた者を登用するようになった。また、「茶坊主」の語彙は一方で転用され、権力者に取り入って出世や保身を図る者のたとえとして、侮蔑的に言われる場合もあった。川柳でもいささか軽く扱われているようだ。

是和尚なぞと茶坊主つかわれる　明三桜3
是和尚火をと茶坊主つかわれる　安六礼8
御茶坊主そつと御庭の鮒を釣ㇼ　宝13鶴2

3　お茶瓶

武家の奥方や姫君などの貴人が、花見や物見遊山で外出するときは、お茶瓶が随行する。お茶瓶というのは、茶道具や弁当の一式で、これを中間《ちゅうげん》に担がせるのである。

虫のはふやうたと茶ひんそつと云ひ　拾二18

——御殿女中の外出だから歩みはのろい。

なまぬるい花見に茶瓶たきつてる　六一21
花ちる度に茶びんの火が起り　三七1
肩て茶を煎させて花の山廻ㇼ　宝10宮1
御茶瓶ンの跡から奥の大薬缶　一三六12
お茶瓶を是へとやかん差図する　五三13

――薬缶は頭のはげた奥家老。

魂てのひる堀てる茶瓶もち　一三四11

――魂は中間の脇差。

降《リ》出すとくそだと茶ひんまたるがり　一〇22

かけられる是かものかと茶びんい〻　明六智1

――こんな物を持っているのだから、雨に降られたからと言って駆けることはできないと。

茶びんの火かりにかかるを下戸おさへ　二五27

――生酔いが「煙草の火を一つ」などとよろけ込むのを下戸があわてて押さえて、「おいよせよ、あちらさまは御大名だぜ」などと。

4　お茶の間

武家屋敷で、茶の間に控えている奥女中付きの腰元を「茶の間」あるいは御を付けて「お茶の間」と言った。

此下女はしたといふものは、あなたこなたのかまどをめぐりてはめしたきとも云。此つとめぬけしきを蓮葉、武家がたにては茶の間といふなり。

とは、浮世草子『好色床談義』〈二・下女はしたの好色〉（山本八左衛門・刊年未詳）の説明である。

また、西鶴の浮世草子『好色一代女』〈巻四・三〉（貞享3年）には、

自《みづから》もよる年にしたがひ身を持下《もちさげ》て、茶の間女となり、壱年切に勤める。不断は下に洗ひ小袖、上に檰着物《もめんきるもの》に成て、御上台所《かみだいどころ》の御次に居て、見えわたりたる諸道具を取さばきの奉公也。

とある。

すみなさい気にあることと茶の間い〻　明八梅2

——住み込みなさい、と先輩お茶の間が勧める。

よりにたッ事ハいやだと茶の間い〻　明五信5

——寄りに立つとは、寄人になること。寄人は修験者が死霊を祀るとき、脇において霊を一時、宿らせる者を言う。一般人からすれば気持ちの悪い役であろう。

腰元トハ寐に行前に茶を運ヒ　初32

——腰元は自分の部屋へ寝に行く前に、ご主人の所へ茶を運んで一日の仕事が終わる。気骨の折れる仕事である。

お茶の間は奥女中付きの低い身分だが、幸運にも殿様の目に止まってお手がつけば思わぬ出世をすることもあった。次の四句がそういった幸運を詠んだ句である。

いゝ御茶の間に殿様ハうかされる　六八17

お茶の間の杓子手が付キ這イ上り　一三六17

お茶の間をほうじ直してさまを付ケ　桜20

御茶の間を炮《あぶ》し直して御せんさま　拾二6

しかし、そんなことがない限りは、女だけの生活だった。

御茶の間て柳桜かたかれ合　宝九桜

——柳、桜は御茶の間に付けられた源氏名に入っている文字、つまり女同士が抱かれあっているというのである。閉鎖された社会でのいびつな性もあったと思われるのである。

大あぢに成て御茶の間縁につき　明四礼9

——何事もなく過ごしていると、いつの間にか婚期を失してしまう。少々薹《とう》が立ってから縁づくことが多かったのである。

5　小便組

小便組という悪辣な商法があった。

殿様が大勢の妾を持つのは、単にスケベ心からばかりではなかった。子供をたくさん作って家系を維持していく義務があったのである。家系が断絶すれば、一家はもちろんのこと、藩の領民もまたその憂き目を見なければならなかった。だから、殿様の努力は必死のものだったのである。医学の発達していない昔のことだから、せっかく生まれた子供が何時病気で死ぬかも知れない。また、女の子ばかりが生まれては家系を引き継ぐことができない。武家社会は父系制度だったから、どんな馬の骨の女から生まれようと、父親の系統に入れられたのである。こういう制度が御家騒動の原因にもなった。

そして、こうした制度を逆手にとった妾奉公が一時流行したことがあった。法外な支度金を取って奉公を始め、しばらくすると寝小便をして奉公先を去るのである。支度金は返さないからそれが収入になるという悪辣な商法だった。

この小便組については、

明和安永ノ頃、江都ニ小便組、中間《ちうげん》押《おさへ》、座頭金ナド、云ヘル悪俗アリ。小便組ハ少婦ノ容貌絶美ナルモノヲ売リテ大家ノ婢トシ、主人ト同ク寝処シ小遺ヲ漏サシム。主人患ヘテ退カシムレバ終ニ其金ヲカヘス事ナシ、又数所ニ転売シテ此ノ如シ、

というのが、『楓軒偶記』〈巻之三〉（小宮山昌秀・文化6年）の説明である。

左の句はこれを詠んだもの。

やつたらに茶をのむ妾出る気なり　明六信4

——いよいよ出る気になった妾が、たっぷり茶を飲んで寝小便の準備をする。

小便も此屋敷でハこらへるき　宝九桜

——殿様を気に入って。

あの顔で聞ヶハ小便組だとよ　宝八満

あまりつたなきしやうばい小べんぐミ　安七松4

三、僧侶の場合

僧侶の場合は、僧侶という特殊な立場にいるが、茶に関しては一般庶民の場合とほとんど変わらなかったように思われる。

茶やかぶが先ン僧正のかたミなり　明六義1

――茶屋株は、寺社の境内に茶見世を出店することを許可される株。商売気のあった僧正。

別当ハ馬や狐て茶をわかし　宝九義

――馬や狐の絵馬を焚いて。

禅僧ハけん茶にまけて寐そひれる　宝13義3

四、庶民の場合

1　福　茶

昆布・黒豆・山椒・梅干などを加えて煮出した茶を福茶と言う。大晦日、正月屠蘇を飲む前、節分などに縁起を祝って飲む場合が多い。この福茶については、『守貞謾稿』〈巻之二十六〉に記述がある。即ち、

福茶　京坂にては、元旦、まづ若水をもつて手水をつかひ、次に大福と号けて、烹花の茶に梅干と昆布一片を入れてこれを飲む。主人より以下、各これを飲む。ただ今朝一回のみ。けだし茶を大服に汲むを祝ひて、服・福、音近きをもつて、これを行ふならん。梅は甲州梅と云ふ小顆なり。

江戸にては、おゝぶくと云はず、福茶と云ふ。元日、二日、三日、六日、七日、十一日、十五、六日等、数回これを飲む。あるひは、三ケ日これを飲む家もあり。元日のみと云ふにあらず。しかも多くは、夜食前にこれを烹るなり。甲州梅干・大豆・山椒、

以上三味を二、三粒づゝ釜中に投じ、これを喰ふ。昆布は用ひず。けだし近世、乾物屋にても右三味を塵紙に包み、四銭づゝにこの時これを売る。その便察すべし。

と、詳しい。

年越た福茶にしようと馬鹿ていしゆ　一一九32

――借金を返済できたかどうかだが、正月を迎えて浮かれている亭主。

よくとしいやつか福茶に寐付へず　二七24

――飲み過ぎれば寝付けない。

娵の呑福茶の中にわれた豆　一二四94

――処女でなくなることを割れると言った。新婚早々割れたばかりの嫁の呑む福茶に、割れた豆が入っているというのである。

福茶をば梅干親仁やたらのみ　五一30

梅干になる迄豆て呑福茶　一三九12

梅干も福茶に伸る年の皺　一四二36

――梅干爺さんも梅干婆さんも福茶を飲んでますます元気である。

福茶焚く頃には年ｼも煎じ詰　一四五12

――煎じると煎じ詰まるの掛詞。

河竹黙阿弥の歌舞伎『三人吉三《さんにんきちさ》廓初買《くるわのはつがい》』〈二幕目〉（安政7年）に、

さつきからお女中様がお案じ故、丸く納めに渾名《あだな》さへ坊主上りの和尚吉三《をしょうきちざ》。幸ひ今日《けふ》は節分に争ふ心の鬼は外、福は内輪《うちわ》の三人吉三。福茶の豆や梅干の遺恨の種を残さずに小粒の山椒の此己《このおれ》に、厄払《やくばらひ》めくせりふだが、さらりと預けてくんなせへ。

と。

2 朝茶

朝食前に飲む茶を朝茶という。これを飲むと、福を得られるとか、その日の災いを免れることができるという俗信があった。

三人一歩で六印《じるし》としごくそろばんのめいじんどもが宵のほどはあるいてかへりくわんをんへもまいり二十軒てあさぢやをのみ口もむだにはきくまい茶屋のむすめをなぶり

とは、洒落本『蕩子筌枉解《トウシセンワウカイ》』（茶釜散人・明和7年）に見られる一節だが、果たして朝茶を飲む時間に二十間茶屋があいていたかどうかはなはだ気になるところだ。

寺町を朝茶てあるく古着買　明元信5

――死んだ娘の形見の着物を探して。

たァまつて女房朝茶をつんと出し　一二一30

――朝帰りした亭主にであろう。

3　茶湯《ちやとう》・お茶湯

禅家で、仏前に供える茶と湯を茶湯と言った。「お」を冠して言うことが多い。一般には仏前に供える煎茶を言う。

『日葡辞書』（慶長8年）は、

ある場所に置き、位牌の前に供え死者に捧げる茶と湯

と説明する。

歌舞伎『船打込橋間白浪《ふねへうちこむはしまのしらなみ》』〈三幕〉（河竹黙阿弥・慶応2年）に、

仏壇へ茶湯をして寿命長久守らせたまへと、仏へ向って願ひなさるは

と。

上ハ気てもたんすの上へ茶湯をし　宝九天

――上気は、気持ちが上っ調子で堅実でないこと。そんな輩でも茶湯はちゃんとする。意外にきちんとしたところもある。

かよひけり・遣リ手ハ内て御茶とうし　宝12信3

――強欲非道の遣り手でも、家ではちゃんと御茶湯をする。

御持仏へ足で煮た茶をかぢや上ヶ　一〇六24

――鍛冶屋は火を焚くのに、鞴《ふいご》を足で操作する。

御茶とうをするととなりの戸をたゝき　明三天1

――戸をたたいて起こす。

御茶とうをしたかとていしゆ聞ィておき　明三梅5

――仏様に御茶を上げたかと、女房に聞きながら亭主が起きてくる。当時仏事は生活に浸透していて、先ずは仏様に茶を上げてから一日が始まった。

生キ如来嫁手をついて御茶とふし　七八21

――姑に茶。

御茶とふの伽を茶せんて立通し　四二5

其みさほ立る茶とふの茶筅がみ　四五2

――二句、亭主に先立たれた後家が、茶筅髪で菩提を弔っている。

千代か忌日に朝顔て茶とうをし　一二三別12

――千代の句に「朝顔に釣瓶とられて貰い水」。

4　茶振舞い

茶振舞いは、先祖・父母などの命日に、近所の女たちを呼んで、茶や簡単な馳走で饗応すること。

茶ふるまひ皆壱人宛だいて来ル　明元松4

先の方御かハりうらの茶振舞　三八23甲

――先日はあちらの家で、今日はこちらの家で。

茶振舞のびた蕎麦喰壱人リ者　一四五35

5　見合い

水茶屋の項でも見合いに触れたが、ここでも少し追加しておきたい。

爰《ここ》やかしこで茶をきつす縁遠さ　四一33

一生ゥの身のかたつきを茶できハめ　筥一27

茶のきうじさしやうはけちな見合也　二二26

下女をさし置て娘に茶を出させ　一四1

茶をのんで間ィもなく来るやなぎ樽　一九15

6　茶飲み友達

茶飲み友達のその一義は、しばしば会って、茶を飲みながら世間話などする、気の置けない親しい友人のこと。

美しひ茶のミ友達二十人　傍二31

——浅草寺境内、二十軒茶屋の娘たち。

いゝ娘茶のミ友だち五六人　玉10

そして第二義は、年老いて迎えた妻、もしくは夫。お互いに最早枯れていて、本当に茶を飲みながら世間話をするばかりかと思いきや、句を拾い出した限りでは、まだまだ元気でお盛んなご老人たちである。

向方《そなた》百まで此方《こちや》九十九まで挑灯《ちようちん》で餅《もちつき》春祝ふ茶呑友達の余情

とあるのは、御無事庵春江の洒落本『当世爰《ここ》かしこ』（安永5年・序）に見られる一文である。「挑灯で餅舂き」とは、最早勃起しない男性器で性交を試みることである。

茶のみが出来て薬缶をはみかき立　五四36
茶のみ友だちに薬缶ハからニ成　四五31
なけなしの水を茶呑がきてへらし　七一26
茶のみ友達といつてるが未たく　五二14
梅干をしやぶる茶呑の友白髪　一〇五33
梅干の種か茶呑の腹へ入　一一三18
茶にかづけ呼でむしろをやぶるなり　三二29

——「筵《むしろ》を破る」とは、六十歳を過ぎて女狂いをする、老年になって情欲を燃やすこと。右の洒落本『当世爰かしこ』にも「十八九はふし穴を通す初老はむしろを破る」とある。

7 吉原

江戸の町と吉原は切っても切れない関係にあった。だから茶の句も若干見られるのである。

やうくで屁のよふな茶を禿くれ 安元義2

——吉原は、初会の客にはひどく冷たい。

茶をひかぬやつが二階で茶をたてる 一〇五42

挽いた茶を客に呑ませる姉女郎 一四六17

——客の付かないことを御茶を挽くと言うが、この二句は本当の御茶を挽いている。

御茶挽た日にハタ立か勝手から 宝九天

——勝手から遣り手などに怒鳴られる。

鳳凰を見て茶ヲあがれ仲の丁 四二9

——花魁《おいらん》は鳳凰に見立てられた。

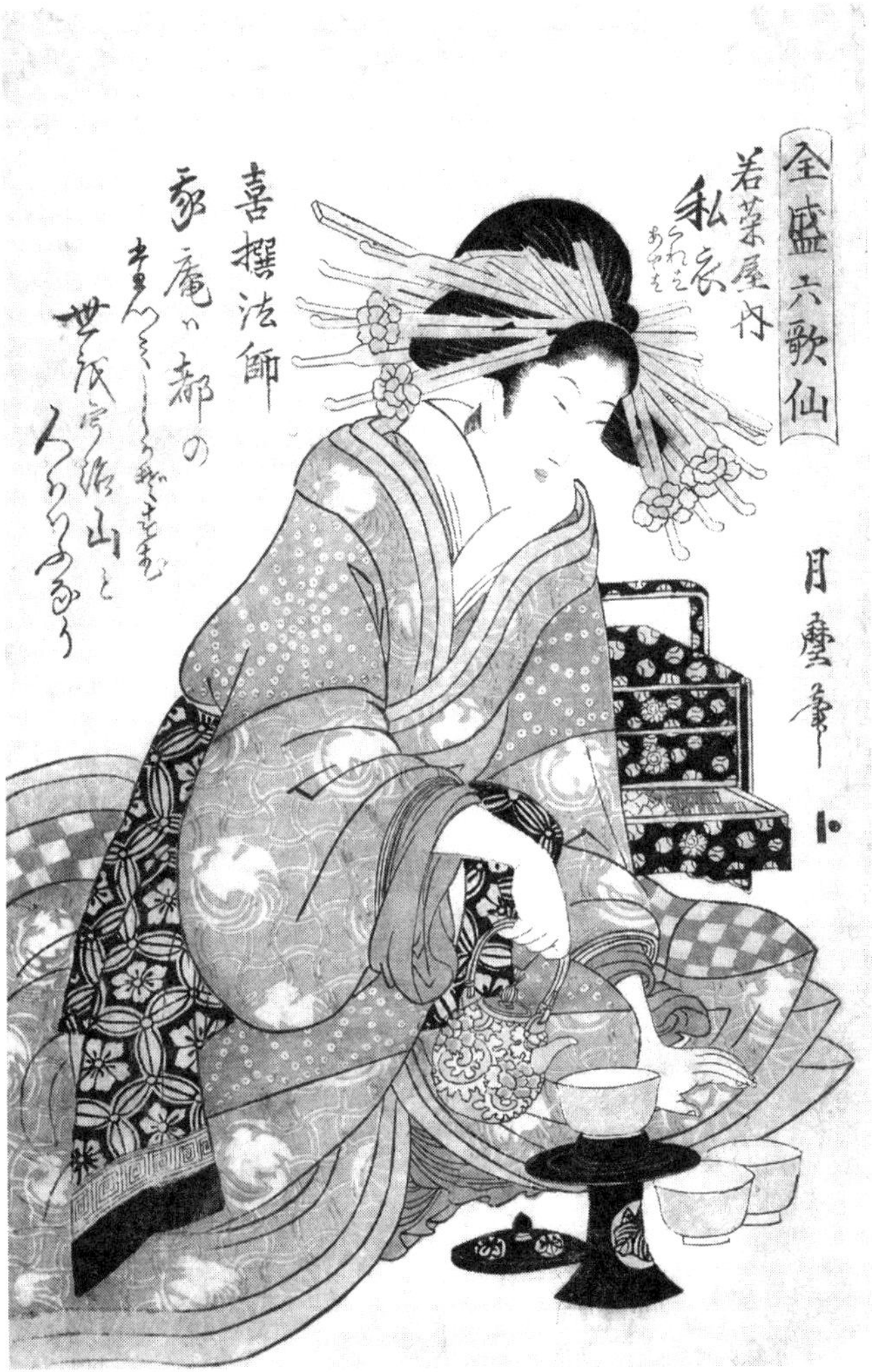

「全盛六歌仙 若菜屋内 私衣（ぜんせいろっかせん わかなやうち なれぎぬ）」
（喜多川月麿画、文化元年〔1804〕） 入間市博物館蔵

引まへに素見と茶挽いぢり合ひ　拾六28

――吉原が営業を終わる間際に、素見物の客と御茶を挽いた女郎が冷やかし合っている。

8　その他

茶と庶民の生活を詠んだ句は、まだまだ多くあるが、これの全部の紹介はいたずらに紙数を増やすだけである。あと少々の句を紹介して、この項を終わることにする。

病上リ茶をいたゞいて笑われる　七七16

――茶を顔の正面まで持ってきて、一礼して飲んだので笑われた。これは薬を飲むときの動作なのである。

朝顔を見て居る母へ姫茶台　七七11

――早起きの姑へ茶。

かき餅を茶左衛門にしてばゞ喰ヒ　一〇一42

――茶左衛門は土左衛門の捩《もじ》り。かき餅を茶に浸し軟らかくして食べる。

左太郎へ茶を懸て喰ふ居候　一〇〇133

——佐太郎は冷や飯のこと。泉州堺の富豪佐太郎が、参勤交代途上の一行に冷や飯を振る舞い、飯野の姓を許されたという故事がある。この故事から冷や飯を佐太郎と。

茶が好になるとあたまか薬缶也　六〇24

子に家業譲ッてからが茶の旨ミ　一四八9

楽屋てハ範頼公も茶をわかし　七〇11

——源範頼を演じるようなのは下っ端の役者。範頼は源義朝の六子で頼朝の弟。木曽義仲を討ち平家の追討の大将として活躍したが、後、頼朝の猜疑により伊豆修善寺で殺害された。

やかんの茶のゝ字かき〱こぼして居　一〇一45

——やかんに入っている茶を、ひらがなの「の」の字を書くようにまわしながらこぼす。

我供へ茶を汲で出す宿下り　三七38

——宿下りの供の者へ、自らが茶を出してねぎらう。

藪入リはしやうゆのやうな茶にこまり　明二満3

――奉公先ではいい茶を飲んでいるので。

下戸の子の生下戸茶の子に鹿子餅　一一六32

一ぱいの茶にらんがしい呉服店　一五一28

――売買契約が成立して客に茶を供する。らんがしいは騒がしい。

茶を運ふ子に母親ハ目をはこひ　一四九7

いくよ餅ぎり一ッへんの茶をのませ　明四満3

――幾世餅を売る店では、義理で茶を出して飲ませる。

極楽の屑で仏師屋茶をわかし　一二一丙8

――仏像を彫刻した木屑を焚いて。

茶をくれといへハおれもか五六人　明八仁5

第五章　茶の湯

一、茶の湯

茶の湯とは、人を招き抹茶を立ててもてなすこと。また、その作法や会合を言う。室町時代に興り、はじめは「茶湯《ちゃとう》」「茶の湯」と言った。千利休は「数寄道」、小堀遠州は「茶の道」という語も使っていたが、江戸時代初期には「茶道」と呼ばれるようになった。茶の湯については、三行や四行で説明し得べくもあらず、これ以上の詳しいことは、専門の書を読んでいただく以外に方法はない。

江戸時代初期までの茶の湯は、主に大名や豪商などごく限られた人たちによって行われていたが、中期に入ると町人階級が経済的に余裕を持つようになり、茶の湯人口も飛躍的に増加したのであった。

菊岡沾涼の著『本朝世事談綺』〈巻之一〉（享保19年）は、

○茶の湯

茶礼の式は、東山義政公にはじまる。南都称名寺の珠光飲礼《しゅこういんれい》の事を説語《せつご》す。御側の能《のう》阿弥《あみ》、相阿弥《そうあみ》、近臣志野三郎左衛門尉宗信、此道にふかし。此礼は貴賤の隔なく、武士も刀を帯せず、膝をまじへて信《まこと》を語り、ゆるやかなるは誠の和なり。武野紹鷗《たけのせうおう》、その子方寸斎宗瓦利休《ほうすんさいそうぐわりきう》、その子道安《だうあん》、有楽三斎《うらくさんさい》、織部遠州《おりべゑんしう》、宗和宗旦《そうわそうたん》、瀬田掃部《せたかもん》、宗拙《そうせつ》宗佐《そうさ》、いづれも和尚なり。
茶礼は、禅家隠遁《ぜんけいんとん》の体を模し、質素閑静を学びたるもの也。よつて宗匠たる人を和尚《おしょう》といふなり。

と記すが、和田烏江（正路）は、その随筆『異説まち〱』〈巻之四〉（和田烏江・刊年未詳）で、もう一段階前があったように書いている。即ち、

茶之会は、尊氏将軍時代、中興の夢想国師より禅法殊更はやり、御家門の面々禅学の為に、毎日天竜寺へ詣ず。国師爰におゐて、仏祖の金言一句ヅヽ壁に書して、参禅の輩に示し、茶を点じて人々に給ひしより、茶の湯は、床には祖師の語を懸る事と成ぬ。其後東山義政、此道を潤色あり、維摩の方丈に擬し、四畳半の囲は初りしと也。畢竟情を世外に閑境に遊ばしめ、心に一点の思ひなく、本来無一物の理りを悟らすの手段とすとかや。

というのである。

東山時代と言えば、八代将軍足利義政や有力守護大名の庇護により、同朋衆・禅僧・河

原者などを中心にして、絵画・工芸・茶の湯・築庭・能楽などの芸能の諸分野が集中的に大衆化し普及して、すぐれた作品が数多く作成された時代でもあった。

茶の湯者の好キを女中ハきたなかり　宝九満

――茶を回し飲みするので。

品ンの能サ九尺四方の茶振舞　別下12

四畳半たで酢をまわし〱のミ　安元梅4

たで酢などのんでしやれてる四畳半　四八27

――たで酢は、蓼の葉を摺って酢で溶いたもので、例えば、鮎の料理に付いてくる緑色をした調味料。茶の湯はこの蓼酢を飲み回しているように見えるというのである。

付合も丸し濃茶の呑廻し　一六五20

付ケざしの茶の湯ハ恋の部にいらず　八二16

――付け差しは、口を付けた盃、また吸い付けた煙草を相手に与えることで、遊里での遊の手管の一つ。茶の湯でも付け差しが行われるが、ここでは作法の一つであって恋にはならない。

茶の席にたゞの天窓ハ下手の様　一二六51

茶の会へ寄ルぞとかへす御免ンかご　安二智2

茶の湯だといつてさそいに来テくりやれ　明三仁3

――茶の湯も吉原行きのかこつけに使われた。吉原へ同行する連れに「茶の湯」だと言って誘いに来てくれと言うのである。

郷士の茶の湯へんちきな客がくる　一三三27

――郷士は田舎に土着した武士だから、茶の会を催しても作法を知らない変な奴等ばかりが集まる。

五郎八て茶の湯している相馬公家　別中30

四畳半見れハ五郎八茶わんなり　安元仁2

――相馬公家は、平将門が下総国に偽朝廷を造営したとき、任官させた偽公家。五郎八は粗製大形の飯茶碗。茶の湯を催しても相馬公家のことだから、使う茶碗は五郎八、品位などはさらさら感じられない。

茶座敷と湯屋は道具のほめ所　八三47

――茶の席では茶道具を誉め、湯屋では男の持ち物に感心する。

この茶の湯については、田宮仲宣の著『愚雑俎』（文政8年）に皮肉な一文があるので、紹介しておきたい。

○茶道を識《そし》る

言行一致せざる事の有が中に、茶道は尤甚しき歟。寂といひ、侘といひ、閑といひ、倹といひて、茶碗一ツに千金を惜まず。天地の間万邦夷狄にいたるまで、かゝる高価なるもの又あるべきや、此茶道乱邦に起りし式なる故、体に実を称へて、心に虚を行ふもの歟。

と、まだ続くがこのあたりで。

二、茶　人

茶人は、茶の湯を好む人、茶道に明るい人、茶道の宗匠を言うが、また、一風変わった人、酔狂者、風流人に言うこともある。ちなみに橘泰の『筆のすさび』〈巻之一〉（文化3年）は、

○茶事を嗜むに、侘《わび》といひ数寄《すき》といふ事、第一の義なり。風雅に物好《ものずき》をし、閑寂《かんじやく》のわびたるをたのしむ事よりいふなり。そのわびをたのしむ中に、好古《むかしをしたふ》の志ありて、古

器の雅趣《がしゅ》ある品を鑑定して翫びたのしむ、是即ち数寄《すき》なり、雅韻風致《がいんふうち》を賞する処、彼禅味と同じきゆゑに、禅林の高徳とも、旨趣《ししゅ》の愜《かな》ふと仕たるものなり。その趣を露しらずして、只がぶ〳〵と茶をのむ人を、茶人とはいふべからず。

と書いている。

どうらくの利に落たのが茶人なり　九〇33

――「理に落ち」が正字で、句の「利」、次の梅兒誉美の「裏」はともに当て字。

とは、言い得て妙な句だが、「理に落ちる」とは、理屈っぽくなること。

今日《けふ》はおめへのお蔭《かげ》で酒が裏《り》に落《おち》ていけねへ

（為永春水の人情本『春色梅兒誉美』〈後編巻の四・第七齣〉天保4年）

などと使われている。

なおまた、茶《ちゃ》の湯者《ゆしゃ》の説明として、『甲陽軍鑑』〈品第四十・下〉（著者・

『職人尽発句合』
（梨本祐為画、寛政9年〔1797〕刊）より
茶人　個人蔵

刊年ともに未詳）は、

数寄者と茶の湯者は別なり、茶湯者と申すは、手前よく茶をたてて、料理をよくして、いかにも塩梅よく、茶湯座敷にて振舞する人を申す

と記している。

茶の湯者ハのこきり挽に手かよこれ　宝12義5

――炭を切るので。

茶の師匠数寄屋縮に侶の羽織　七四19

臼の後家茶人のかこいものになり　七八25

石臼の後家ハ茶人のかこひもの　一三八2

臼の後家茶人の庭へえんにつき　拾一〇32

――石臼や茶臼は上下の石一対で出来ているが、その一方が壊れると後家という状態になる。風流を好む茶人は、こうした壊れた石臼や茶臼を庭の景観のために配置する。

萩を唐津と争ふハ下手茶人　一四八8

万昌院へ参るのは茶人也　五〇33

――万昌院は、牛込筑土下にあった禅寺で、吉良上野介義央《よしなか》の墓があった。義央は茶人だった。

三、茶菓子

茶菓子とは、茶を飲みながら食べるのに適した菓子、また、茶に添えて出される菓子である。茶の子・茶受け・点心などとも言う。

下戸の子の生下戸茶の子に鹿子餅　一一六32

下女聞ちがへお茶菓子が四文だと　一〇二17

――「お茶が四文」と。

折詰でこいと茶菓子ハ下戸の拳　一二一丙25

――「拳」は、中国から伝来した遊戯の一つ。向かい合った二人が、互いに指を屈伸し、その屈伸しない二人の指の数の数の合計を言い当てた者を勝ちとする遊び。下戸だから、勝った者には折り詰めの茶菓子だと。

沈魚落厂茶菓子だと下女思ひ　一四六20

——「沈魚落雁」は、『荘子』〈斉物論〉に「毛嬙麗姫、人之所レ美也、魚見レ之深入、鳥見レ之高飛」とあり、転じてすぐれてあでやかな美人の形容。

硯《すずり》ぶた茶うけに喰ふハげびたもの　明六55会

——硯ぶたは、口取肴などを盛る広蓋の類。古く菓子類を硯箱の蓋に盛って出した遺風。

水貝を茶うけにつまむ野暮な下戸　一二九34

——水貝は、なまの鮑《あわび》肉を薄く切って水に浸し、塩を少し加えたもの。夏季の肴である。

茶うけに口を吸わせるとまたはやり　傍二34

——これは二十軒茶屋の濃厚なサービス。

右の句は庶民の日常生活における茶を詠んだ句で、直接茶の湯と関係はないが一応紹介したまで。

茶の湯に用いる菓子は、千利休の時代までは木菓子即ち木の実や果物、あるいは素麺・饂飩《うどん》・蕎麦・生菓子と称する餅なども用いられていたようだ。のち次第に唐菓子も併用するようになった。桃山時代から江戸時代初期に入ると、茶の湯の発達普及とともに茶菓子も著しく進歩、その上砂糖が多量に輸入されるようになると、菓子は甘味を増し、また歴代の茶の湯の宗匠の好みにより銘菓も多く世に出たのであった。そして、濃茶には蒸菓子を、薄茶には干菓子を用いるのが原則とされるようになったと言われているようだ。

このように、茶の湯の流行普及とともに和菓子も進化発展してきたが、川柳は茶の湯と菓子の関係については一句も残していない。川柳の作者たちが、茶の湯と菓子についての知識がなかったのか、あるいは興味を持たなかったのか、そのあたりは不明だが、権威的なものを茶化すのが得意な川柳が茶菓子について一句も詠んでいないのはむしろ不思議な感じがする。

四、挽き茶

上等の製茶を茶臼で挽いて粉末にしたものを挽き茶・碾き茶と言う。また、散茶・抹茶とも言う。主として茶の湯に用いられ、濃茶と薄茶の二種類がある。

挽茶の臼へ鼻息の青嵐　一四八9

1　濃　茶

点茶のとき、一定量の湯に対して抹茶の量の多いもの。また、茶の古木に日除けをし、その若芽から製したもの。色つや、風味ともに薄茶よりは濃厚だった。

狂言『鱸包丁《すずきぼうちょう》』に、

伯父 大酒の上では、濃茶がよい物ではないか。甥 酔を醒まいてよい物でござる 伯父 わごりょはどれからどれまでも仕合わせな人じゃ。

とあり、浄瑠璃『八百屋お七』〈上〉（紀海音・刊年未詳）では、

遊びがてらに挽く茶臼。ねぶたからふと人目には。見へて寝もせぬ憂きことに。花の姿も萎れ行。君を濃茶に口切の主は誰様お七様。立つ名はげにも。本郷の八百屋の花《はな》柚《ゆ》松茸のつぼみもいづれ初物の。縁はをかしやかりそめの。

と、洒落のめしている。

よい釜で茶筅こひ茶を立て付る　八二24

茶筅髪いつか濃茶の友か出来　七七29

——亭主が死んで髪を短くした女、やがて茶飲み友達もできる。

神農ハ濃茶のやうな唾を吐キ　一三八15

――神農は、中国古伝説中の帝王。百草を噛んで医薬を作った。草を噛んだあとの唾は濃茶のような色。

2　薄　茶

立てるときに、抹茶の量を少なくして薄くしたもの。一椀に茶杓二杯の薄茶と熱湯を入れ、茶筅の穂を振って泡立つように立てた茶を言う。

『津田宗及茶湯日記』（永禄8年～天正15年〔一五六五～八七〕）によれば、「薄茶」の名称は利休時代に現れ、濃茶を単に御茶と言い、薄茶を薄茶と呼んで区別していたようだ。

次の二句はいずれも伊勢講の句。講宿の御師のところでは、薄茶を出すのがしきたりになっていた。

太々の連中うす茶か難所なり　明四梅3

弐百かけとうく薄茶呑あふせ　七〇23

――月二百文の掛け金をする連中には、これは初めての飲み物、やっとの思いで飲み干したというのである。

3 口《くち》切《きり》

口切は、陰暦十月の初め頃に、夏から封じておいた新茶の壺を初めてあけること。また、その茶で催す茶会を言う。御伽草子『酒茶論』（著者・刊年未詳）に、

十月も中の事なるに、つぼの口きりと申てみな人ざざめきあへりけり

とあり、安楽庵策伝の咄本『醒睡笑』〈巻之八〉（元和9年）には、

○後陽成院の御時、御口切とて、御壺出でたりつるを

御前ではちや〳〵と歌よむ壺なれど口をはられて物もえいはず　雄長老《ゆうちやうらう》

などとある。

口切は利休の像へ先ッそなへ　五一29

口切や山吹色の事といい　五一29

――茶の色と小判の掛詞。次の句に繋がる。

口切の使其手ハくわぬなり　五六8

――貧乏旗本などから有徳の町人に口切の招待。うかつに出かけて行くと、強引に借金を申し込まれる危険あり。町人は「その手は喰わぬ」と敬遠する。

五、茶　室

茶室は、茶の湯に用いる室。茶の湯の発展とともに発達してきた独特の建築様式で、四畳半を基本とした。古くは茶の湯座敷と言い、数寄屋・囲いなどとも言った。

この茶室、大別して草庵風のものと書院風のものがあり、一般的には草庵風のものを指す場合が多い。また、独立した建物として造られる場合と、書院などの建物の中に造られることもある。四畳半を標準とするが、これより狭いものを小間の茶室と言い、広いものを広間の茶室と言う。

茶室が何故四畳半なのかについては諸説あって、再度引用するが、『異説まちまち』〈巻之四〉(和田烏江・刊年未詳)は、次のように記している。

茶之会は、尊氏将軍時代、中興の夢想国師より禅法殊更はやり、御家門の面々禅学の為に、毎日天竜寺へ詣ず。国師爰におゐて、仏祖の金言一句ヅヽ、壁に書して、参禅の輩に示し、茶を点じて人々に給ひしより、茶の湯は、床には祖師の語を懸る事と成ぬ。其後東山義政、此道を潤色あり、維摩の方丈に擬し、四畳半の囲は初りしと也。畢竟情を世外の閑境に遊ばしめ、心に一点の思ひなく、本来無一物の理りを悟らすの手段とすとかや。

「維摩《ゆいま》の方丈《ほうじょう》」とは、維摩即ち維摩経の主人公で、釈尊時代に富豪で学識のすぐれた在家信者という想定の人物。彼の居室が方一丈であったという。四畳半の茶室の発想はこの故事からだというのである。

四畳半いろりのはたに壱人《リ》居る　安元義8
世の中を茶にしてくらす四畳半　五一29
四畳半庭へ馳走の敷松葉　一一八32
千畳の座敷にあきて四畳半　三三32
大名に給仕もさせる四畳半　三九22
大名もにぢりあがつて茶を貰ひ　四四11
茶もせぬが和尚囲いを持つて居る　篭三4

——囲いは、和尚が密かに囲っている妾。茶の湯をしない和尚が囲いを持っているとは。

こまいかき茶人にいぢりころされる　明四礼2

――茶室を建てるに当たって、施主である茶人が設計変更をしばしば。これでは仕事が進まない。木舞掻《こまいがき》も翻弄される。木舞掻は、壁の下地の木舞を作る職人。

六、茶道具

茶器とも言い、広義には茶道具全般を指すが、狭義には肩衝《かたつき》、丸壺《まるつぼ》、棗《なつめ》などの茶入れを言うとのこと。川柳はこの茶道具にはまったく興味を示さず、質草程度の価値しか認めていないようである。

茶道具もせんじ詰ると質に置　一四四12

たいこもち茶の湯道具をはらわせる　明元亀1

――吉原の支払いに窮した客に、太鼓持が「茶の湯道具を売り払え」と。

合紙に句の反古まじる庵の茶器　八八13

――合紙は、器を保護するために包んだ紙。その合紙に発句などが書かれている。風流な人物の庵である。

1　茶《ちゃ》入《いれ》（碾茶壺）

茶入は、茶を入れておくための器物である。抹茶用は形が小さく、そのうち、濃茶用は陶器が多く、肩衝《かたつき》・茄子《なす》・大海《だいかい》などの形があり、薄茶用は、多く漆器や木地物を用い、棗《なつめ》・中次《なかつぎ》などの名称がある。なお、葉茶は、錫またはブリキのやや大きめの筒に入れる。

『和漢三才図会』〈巻第三十一〉に、

茶入は高さ二、三寸、大きいもので四、五寸の小坩で、これに

『人倫訓蒙図彙』（著者不明、元禄3年〔1690〕刊）より　茶入袋師　たばこと塩の博物館蔵

碾茶《ひきちゃ》を入れるのである。形状の種類や名の通った品種については一つ一つ計えあげることが困難である。いわゆる文林《ぶんりん》・肩衝《かたつき》・小茄子《こなすび》・尻膨《ふくら》・丸壺《まるつぼ》・文茄《ぶんな》など（中華の物品である）。古瀬戸・春慶・飛鳥川《あすか》・青江・禾目手《のぎめで》など（我が国の物品である）。
とあるように、その形状や名称は多種多様だった。

此茶入何程するとにわかあめ　安七桜2

村芝居羅紗の茶入を寺でかり　六八33

——ここの茶入は茶入袋の略。

2　茶臼

葉茶を挽いて抹茶を作るのに用いる石臼のこと。宇治朝日山の石が良いとされていた。この茶臼、挽き茶の項で触れるべきかとも思ったが、茶道具に入れて説明することにした。

御茶臼を左リへひいてわらわれる　明六礼2

——茶臼は右回しに回す。

舟を漕よふに茶臼を下女ハ挽キ　五八31

3 茶　釜

茶の湯で湯を沸かすに用いる釜。また、一般に茶を煮出すのにも用いた。その形状によっていろいろな呼び名があるようだ。通常は上の方がすぼまっていて、口が狭く、鍔《つば》がかけられている。

い〻茶釜半襟まてか光る也　七三8

い〻茶釜おらんだ文字の耳がはへ　一〇八18

真鍮のえり巻茶釜粋に見へ　一〇九32

何ン度かいひ直しても下女茶まが　一〇五9

——茶がまと言えない。

尻の洩茶釜狸の屁て直し　一二四85

——狸の屁は鞴《ふいご》のこと。鞴は狸の皮で作られる。

金の茶釜もありんすといふ風情　七二25

——琴棋書画を飾り立てている部屋持女郎。金の茶釜も持っていそうな風情。

4 茶碗

茶の湯での茶碗は、重要な茶器であった。そして幾多の名品も作られたが、室町時代以降は、高麗茶碗の一つ、井戸茶碗が茶人に愛用された。濁白色の土に、淡い卵色の釉をかけたもので、大井戸・古井戸・青井戸・井戸脇などその種類も多い。その名称の由来には幾つもの説があり、未だ定説とされるものはないようだ。

菊岡沾涼は、その著『本朝世事談綺』〈巻之二〉（享保19年）に、

○井戸茶盌《ゐどちゃわん》

上《じょう》品の器也。朝鮮征伐の時、井戸左馬助持来《もちきた》り、〔割注〕とら屋の茶碗二つ。」秀吉公へ献ず。何某所持《なにがししょじ》なれば、井戸《いど》と名付られたり。井戸脇《わき》是に亜《つげ》り。大概は細《こまか》なる裂文《れつもん》あり。一決ならず。

と記し、

井戸茶盌というのがある。形はさまざまで、大抵、細かい裂文がある。初めて渡来してから三百年余になる。類似の亜流のものを井戸脇という

とあるのは、『和漢三才図会』〈巻第三十一〉の説明である。

きつい事ほり出しに仕た井戸茶碗　四一3

車座てくるりと廻す井戸茶碗　一二〇31

あふなし干見世《コイッ》の井戸茶碗　一六一18

――干店は、露天、大道店。こんなところで売られる井戸茶碗は信用できるものではない。

掘出した井戸を四角な席て見せ　一〇三17

掘出しといふ断りハ井戸茶わん　三〇5

古井戸へ茶人たまらずはまり込み　八五15

古井戸へはまるハとんだ茶人なり　五一28

――掘り出し、はまる、は井戸との縁語。

5　茶筅

茶を立てるとき、茶をかき回して泡を立てるのに用いる具が茶筅である。十センチほどの竹筒を細く割って穂のように作り、その先を内側に少し曲げたもの。

茶筅とは、竹を削って穂をつくり、帚のように穂を繊密にしこれで茶を振って泡を立てるものである。和州高山の石政《せき》の作が勝れているとされる。煎茶を掻き振って立つ泡は粗く大きい。

洛陽に鉢敲《はちたたき》と称する優婆塞があった。思うに空也上人の門徒で、黒衣を著て常に茶筅を作って売り歩いていた。

とは、『和漢三才図会』〈巻第三十一〉の記述。

濃キ御茶の中に茶せんハなふられて　宝八松

――茶筅で濃茶を立てている意と、茶筅髪の後家がそんなに濃茶を飲んで眠られるのかとからかわれている意の句。

この茶筅を作って販売していたのが空也寺の僧たち。特に歳末になると自製の茶筅を京都の市中に売り歩いた。空也寺は半僧半俗であり、有髪妻帯で僧形でないのが大きな特色だった。のち、江戸でもその扮装や口上を真似、白衣に鷹の羽や千鳥の模様を染め抜いた十徳を着、竹棒に茶筅を差して担ぎ、鉢や瓢簞をたたきながら売り歩いたものであった。

『都名所図会』〈巻之一〉（秋里籬島・安永9年）には、

紫雲山極楽院光勝寺　は四条坊門堀川の東、敲町にあり。空也堂と号す（表門の額、「空

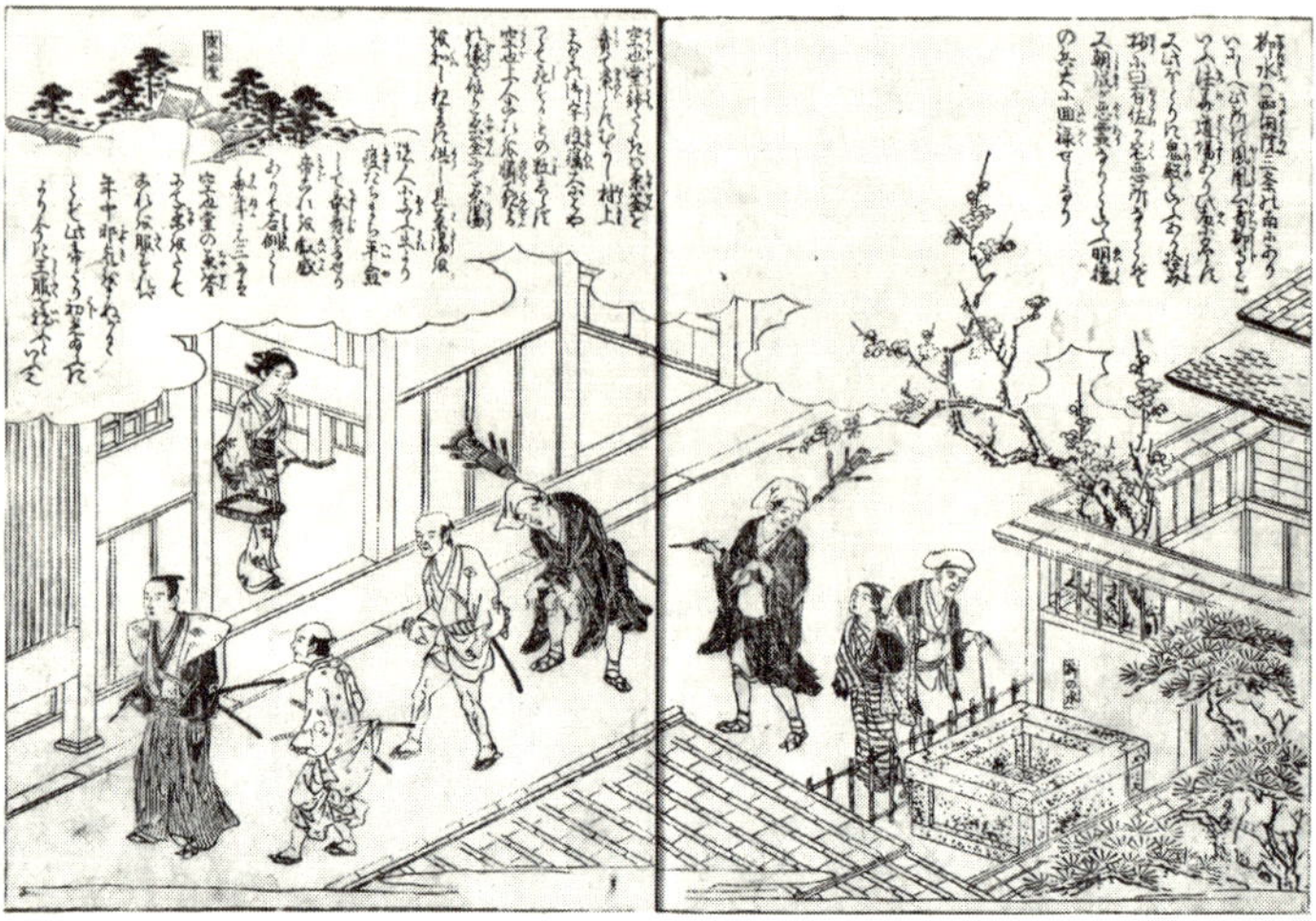

『都名所図会』（竹原信繁画、安永9年〔1780〕刊）より　茶筅売　入間市博物館蔵

也堂」と書して黄檗高泉和尚の筆なり。本堂の額「極楽院」は竹内御門跡の筆跡なり）。宗旨は念仏宗と称して、本堂に空也上人自作の像を本尊とす。

とあり、また『拾遺都名所図会』〈巻之一〉（秋里籬島・天明7年）には、

空也寺（五条坊門の南にあり。浄土宗、知恩院に属す。四十八願巡りの第四十一番なり。当寺の開基は空也上人にして、天禄三年の草創なり。極楽院空也堂と号す）。

とあるが、現在は京都市中京区蛸薬師堀川東入る南側、亀屋町にある。はじめ三条大宮の西にあったのだが、天正年間（一五七三〜九三）にこの地に移設されたものだと言う。天台宗空也派で、空也上人ゆかりの寺

だから、俗に空也堂と言う。

空也上人は、平安中期の浄土教の先駆者であり、熱心な念仏信者で、つねに胸に掛けた鉦をたたき、弥陀の名号を唱えて市中を回り、鑿井《さくせい》や療病・救貧に努めたので、人々は市聖と呼んで尊崇した。

空也忌は十一月十三日で、その日から四十八夜のあいだ、鉢叩きは和讃をとなえ、竹杖で瓢簞をたたいて市中をめぐり、鉄鉢の代わりにその瓢簞で喜捨を受けたのである。

雨たれに跡じさりする茶せん売 明元礼4
空也寺のいろりに竹のけづりくづ 八二10
坊主かとおもへバ空也茶筌なり 七四3
野郎か坊主かわからぬハ茶せん売 五一14
竹細工喰ふやくハずのさゝら売 一〇二30
——喰うやと空也の掛詞。
大黒も茶筌にしたる空也堂 一〇五9
——大黒は梵妻、その梵妻が茶筌髪に。
若竹の茶せんハ虫が喰ィたがり 七五4

――若くして後家になった女、茶筅髪にして亭主の菩提を弔っているが、世間は放っておかない。

焚付に竹屑を摺る空也寺　七八36

6　茶杓

茶杓は、抹茶をすくい取るのに用いる細長い匙である。象牙・鼈甲・陶器製などもあるが、竹製が主流だった。『和漢三才図会』〈巻第三十一〉には、次のような記述がある。

一般には誤って、薬匙を茶匙と称し、茶匙を茶杓と称して区別している。珠光《しゅこう》・宗珠《そうしゅ》・紹鷗《じょうおう》・利休・慶首座《けいしゅそ》・瀬田掃部《かもん》・少庵・道安《どうあん》・道珍など茶人が自ら削ったものは価も貴く家珍とされている。また泉州堺に甫竹《ほちく》と

『人倫訓蒙図彙』
（著者不明、元禄3年〔1690〕刊）より
茶杓師　たばこと塩の博物館蔵

いう人があり、代々相続いて茶匙を削り有名である。長さは畳の目を基準寸としたり、指の横寸を基準としたりする。

鳩胸と猫背茶杓の裏表　一二四別18

——茶杓の反り加減が。

竹束の中て茶酌のしほらしさ　五四30

七、千利休

茶の湯と言えば、わび茶の完成者として知られ、茶聖とも称せられた千利休に触れないわけにはいくまい。

利休は泉州堺の生まれ、武野《たけの》紹鷗《じょうおう》に茶の湯を学び、のち戦国武将の織田信長や豊臣秀吉の茶頭として活躍、天正十三年（一五八五）には秀吉が開いた禁裏茶会で正親町《おおぎまち》天皇に献茶して、「利休」の号を勅贈された。

しかし、巨財を投じて改修した紫野大徳寺の山門に、諸尊像を置き自らの像も置いたことにより、不敬なこととされて秀吉から追放され、七十歳にして切腹を命じられた。

殿下紫野大徳寺に詣で給ふに、門前にて車より下りさせ給ひ、歩行して山門の前に至り、楼上を仰ぎ見給ふに、新しき立像を安置せり。僧を召て何の像なりやと尋給ふに、僧答て、「千利休自像を造り、当寺の僧古溪和尚と相謀り、此山門に安置する所なり」と申す。秀吉公是を聞し召し、大眼闊と見開き、「悪き坊主原が振舞いかな。山門は天子后宮を始めとし、高位高官の通行せる其頭上に、下郎の身として己が像を置きたること、僭したりとや云ん、無礼なりとやせん、其罪必ず死を免れじ。

頭の端より足の爪先まで我恩に有らざる所なきに不礼の返答奇怪の次第なり。坊主めが首を斬らんに何の難き事や有らん　（『絵本太閤記』〈六篇巻之一〉武内確斎・享和2年）

というのである。また、利休が切腹させられたのは、百舌屋に嫁ぎ、夫が死亡して未亡人になった娘綾子を秀吉が側室にと希望したのに対し、これを利休が断ったからだともいう。

と言って、怒ったという。

利久の娘へさる御方より文　一四二22

さる人がもず屋の後家へ横れんぼ　一六二8

川柳は、利休の業績にはほとんど興味を示さず、もっぱら大徳寺山門の利休像と切腹についての句を残している。

利久が庵に小夜更て茶立テ虫　八二19

——茶立虫は、茶立虫科の昆虫。障子などに止まって大腮《だいさい》でこする音が、茶を立てる音に似ているところから付けられた名。

千利休　今日庵蔵

しん〳〵と利休の耳に茶たて虫　八二27
大名に手せんじ利休させはしめ　三一6
茶人の親玉山門に高上り　一二六52
人を茶にして山門の高上り　四四26
高あかりしたか茶人のおちとなり　安七仁5
桂馬と利久高上りして落度　一五三
高見てのけんぶつ茶人おちとなり　安九義1
利休が落度紫を茶にし過キ　一一五1
——紫は紫野大徳寺のこと。
茶表紙の本へ千家の秘事を書キ　一四四52
小夜更て利久か墓に茶立虫　一二三別10

八、千宗旦

千宗旦は、千利休の孫。

『都名所図会』〈巻之一〉に、

今日庵宗旦《こんにちあんそうたん》の家は本法寺《ほんぽうじ》の前の町にあり。千《せん》家累代の茶人、こゝに住みて上流《かみりう》と号す。

（宗旦は千利休の孫なり。宗旦の息は宗佐と号し、重代の家名とす）

とある。

叡昌山本法寺は、上京区の上御霊前通が堀川通に突き当たったところ、堀川今出川を少し北に上がったところにある日蓮宗の本山で、永享八年（一四三六）久遠成院日親上人開創になる寺である。その南に「茶道資料館」や「茶道会館」があり、その東側小川通に面して、向かって左に裏千家の〈今日庵〉、右に表千家の〈不審庵〉が並んでいる。今日庵は宗旦が造った一畳と台目（四分の三畳）の茶室であり、宗旦の号、また裏千家の別称でもある。現在のものは、天明八年（一七八八）に再興されたものだという。残念ながら一般には公開されていないので、観ることができない。

上流《かみりゅう》というのは、下京の藪内家に対して言い、上京の家元を指す名称で、茶道の千家のこと。
宗旦は徹底したわび茶を実践、茶杓や竹花入にどの遺作も多い。そして、三人の息子により、武者小路千家、表千家、裏千家の三千家が生まれた。

竹屑で宗旦釜の下を焚 八〇16

また、同じ上京区、同志社大学の北側に位置する相国寺の境内に宗旦稲荷がある。ごく小さな社だが、宗旦に化けて相国寺の塔頭慈照院の茶室びらきに点前をした白狐が祀られている。当日茶会に遅れてきた宗旦は、その狐の点前の見事さに感じ入ったという。相国寺の境内に住み着いていた老狐が、夜な夜な宗旦の姿に化けて茶人を訪れ、茶を喫し菓子を食べて帰ることしばしばであった。のちには、人々は老狐の仕業と気がついていたが、この風流な狐を宗旦として付き合い、これを宗旦狐と呼んでいた。

裏千家の〈今日庵〉

表千家の〈不審庵〉

第六章　茶屋と茶見世

「茶屋」とは、どういう営業形態を言うのだろうかと辞書の類いを繙いても、詳しく説明されているものはないようだ。例えば『日本国語大辞典』を見ると、

①製茶を販売する家。葉茶屋。

②茶室の一種。掛け茶屋風に造った茶室。

③路傍で湯茶などを供して人を休息させる商売。また、その店。茶店。

の記載があり、その後は、○○茶屋の略、□□茶屋の略として、個別に茶屋の営業形態を説明している。

茶屋というのは、本来は室を提供し、湯茶や料理などを供し、客を休息させあるいは接待する施設を言ったのであろうが、その後次第に様々の業種が増えたので、それぞれの営業形態を冠して○○茶屋、□□茶屋と称するようになったのではなかろうか。そして、接客業をなべて茶屋でかたづけてしまったのではないかとも思われる。

この茶屋の小形のものを茶見世と言うように思われるが、必ずしもそうではない。茶屋を茶見世と言い、茶見世を茶屋とも言っている。川柳は十七文字でまとめる文芸だから、文字数の制約には敏感である。そこで茶屋を茶見世と言い、茶見世を茶屋と言う。茶屋と言えば二音であり、茶見世と言えば三音になる。

『豊国祭礼図屛風』より
祭礼の情景が描かれた中に、「一服一銭」と呼ばれた茶売りの姿が見える。
豊國神社蔵

ここでは、茶屋を「業態や目的を冠した茶屋」と「地名や場所名を冠した茶屋」とに分けて説明することにする。ただしこの区分けは相対的なものでしかないことをご了承願いたい。

一、業態や目的を冠した茶屋

1 編笠茶屋

遊客が遊里に繰り込む際には、顔を隠すために編笠をかぶったが、その編笠を貸す茶屋があった。これが編笠茶屋である。京都島原では丹波口に、大坂新町では、大門の門番が番所で兼業し、そして江戸の新吉原では日本堤から大門までの五十間道に並んでいた。

沢田東江の随筆とされる『古今吉原大全』（刊年未詳）には、

あみがさ茶やといふは、大門の外《そと》五十間道の内。左右に十軒づゝ。廿軒あり。むかしは。万客《ばんかく》此茶やへいたり。あみがさをかむりて大門へ入る事なりしが。今は廿軒の茶やはあれど。あみがさは見せへつるさず。

とあり。

また『守貞謾稿』〈巻之二十二〉には、

田町編笠茶屋百八十余戸、今は引手茶屋と云ふなり。引手は妓院に導くの意なり。

とある。『大全』と『謾稿』の軒数の大差にはいささか疑問がないわけではないが、往時はそれほどの賑わいを見せていたのであろう。されど、『嬉遊笑覧』〈巻九・娼妓〉には、

吉原に通ふ者編笠着ざるやうになりしは、享保より稀になり元文に至りて全くやみたり。

とある。

『絵本江戸土産』
（西村重長画、宝暦3年〔1753〕刊）より
編笠茶屋　たばこと塩の博物館蔵

茶屋斗《リ》ふかみへ行くをしつて居　明元義1

脇差《シ》をもどせハ茶屋ハかのを出し　宝12礼1

――僧が吉原へ、茶屋で法衣を羽織に着替え、脇差をさして医者の姿になって。帰りにはまた僧侶になる。

編笠の頃にハ土手も馬烟《リ》　一二八44

土手節の馬子ハあみ笠のせて行　五六13

――「土手節」は、小唄の一つ。吉原に通う男伊達が、吉原土手の往復に唄ったことに始まるという。

2　いろは茶屋

谷中の感応寺（後、天王寺と改名）門前にあった私娼窟（現・東京都台東区谷中六丁目・七丁目）。名称の由来については諸説あり定め難い。このあたり一帯に天台宗・日蓮宗・真言宗などの寺が密集していたので、客の多くは僧侶だった。『寛天見聞記』（著者・刊年未詳）に、寛政五六の頃、（略）爰に今は天王寺といふも、前は感応寺といふ日蓮宗也、門前に昔よりいろは茶屋とて、五六軒の娼家あり、今はさかりにして、家数も増し、娼婦の価は五六なり。

と記し、また、『色里三十三所息子順礼』（著者・刊年未詳）は、

谷中山いろはてら　本尊くがい三年九郎本尊　無筆でもあそびハてきるいろは茶屋よる谷中にもかよひこそすれ　御初尾四百文　日本橋ヨリ一里十丁

という戯文を残している。

四十七軒ありさうないろは茶屋　四○21
武士ハいや町人すかぬいろは茶屋　安五満2
丸いのをもつぱらに呼ぶいろは茶屋　七○25

――頭を丸めている坊主を。

いろはでは元日からも来なといふ　安二礼4

――坊さんの年始は正月三日から、だから元日は身体があいている。

かげまなど居そうな所いろはちやや　天六天1
たまさかにやろうもは入ルいろは茶や　天三桜2
俗名は三分一来るいろは茶屋　明四智7

――僧侶専用とも言える岡場所だから。

いろは茶屋どうかくやミに入るやう　明二松6

囲れのなり込んで来るいろは茶屋　明四満3

――悋気《りんき》した坊主の妾が。

洒落本『婦美車紫鹿子』（道郎苦先生・安永3年）に、

此浄土赤坂より少よし、但しじしん客をよぶ所いたつて安し

とあり、娼婦自らが見世先に出て客を呼び込んだことが知られる。それを証明するのが左の三句である。

御自身に出ては引つはるいろは茶屋　安七礼5

なぜ引きこんだといろはで生酔にち　安七桜4

――「にち」は「にちる」で、食ってかかる、詰問する、の意。

衣のたては綻びる谷中道　三一29

――「衣のたては綻びる」は、源義家と安倍貞任の合作の和歌「年をへし絲のみだれのくるしさに衣のたてはほころびにけり」からの文句取。無理矢理引き込まれて衣が綻びた。

感応寺は富くじで有名な寺でもあった、だから、

いろは茶屋客をねだつて富を付け 宝12智2

いろはの睦言当たつたらほんにかへ 五四25

――本当に当選金をくれるのかと。

もふ突くか見てこいといふいろは茶屋 明四宮2

――当選の可否は、箱の中にある木札を錐で突いて出して決める。

上野の寛永寺の支院護国院では、正月三日に供物の餅を湯に浸して溶かし、おも湯状になったものを大黒の湯と称して参詣人に接待した。これを飲むと一年中の邪気を払い、福徳を授かると言われていた。寛永寺の坊さんは、なじみのいろは茶屋の女たちのため、この大黒の湯を薬缶に入れて持って来てくれるのである。鼻の下の長い話である。

いろは茶屋大黒の湯が薬缶で来 宝13仁3

大黒の湯を弁天へさげて行き 一五五35

最後にもう一句。

八宗兼学いろはの品川の 一二11

――「八宗兼学」は仏語で、八宗の教義をすべて兼ね修めること。なるほど坊さんは

いろは茶屋ばかりでなく品川遊廓にまで足をのばして、あちらこちらで修行なさるものだ、というのである。

3　植木茶屋

江戸で植木を扱うところと言えば、茅場町や染井村が思い出されるが、川柳を見ると九段にもあったらしい。植木茶屋とあるから、植木を栽培している傍らに茶屋があって、見物客や購入者などに茶などの接待をしていたのであろう。

飛石かけいま九段の植木茶屋　　一二二別28

――飛石が将棋の桂馬の動きなりに配置されている。

4　陰間茶屋

陰間を呼んで遊ぶ茶屋。陰間と呼ばれる男娼を宴席に侍らせて、主として男色を売る茶屋。陰間には十三歳から十七、八歳ぐらいまでの美少年がなり、薄化粧、振り袖前髪姿の女装で客に接するのだが、主に役者の女形になる下地っ子などが出たもので、その多くは上方者だった。客は坊主や武士、さらには男日照りの御殿女中や後家、普段は男に媚びを売る商売の女たちなどである。諸所にあったが、芳町が特に有名だった。陰間屋、子供茶屋とも。随筆『塵塚談』〈上〉（小川顕道・文化11年）に、「男色楼」と書いて、「カゲマヂャヤ」とルビしている。風来山人の滑稽本『風来六部集』〈下〉「里のをだ巻評」（安永9年）に、

今の様に段々と思ひ付がかうじたら、中の町に男倡《かげま》茶屋、大門口で夜鷹が引きとめ、大どぶに舩をつなぎ、舩饅頭が出よふもしれず、

などとある。

かげまやが無ィと出合やまだはやり　明四礼10

後家を抱キ坊主をおぶうかげま茶屋　四六16

陰間茶屋輪袈裟乗せとく違ィ棚　一三二32

——輪袈裟は、綾や錦襴などで幅約六センチの輪状につくり、頸に掛けて胸に垂らす袈裟。天台・真言・真宗などで用いる。

ばかな事かげまやけさを持てかけ　天四松2

――坊主が忘れた袈裟を持って後を追う。

地蔵橋尻のあたりに陰間茶屋　八九32

痔の神の加護をも頼ム陰間茶屋　一三二28

八宗え口を合せる陰間茶屋　一三六17

――八宗は、南都六宗、即ち、三論宗・法相宗・華厳宗・律宗・成実宗・倶舎宗に、平安二宗の天台宗・真言宗、合わせて八宗を言う。即ち、どの宗派の坊主が来ても上手に遊ばせるのである。

よし丁の茶やをおとり子とめられる　明三松3

――橘町の踊り子の陰間買いを止めたのであろう。転びに差し障りが出るからと思われる。

5　駕籠茶屋

駕籠屋に同じで、駕籠舁《かき》を置き、客に駕籠を仕立てる店のことであろう。

かご茶屋のひらき古句をかつぎ出シ　九二18

6　花鳥茶屋

寛政から文化頃にかけて、浅草・両国・上野山下などで賑わった、珍しい植物や動物を見世物にした小屋。歌舞伎『船打込橋間白浪（鋳掛松）』〈序幕〉（河竹黙阿弥・慶応2年）に、

藤八　こりや、同職と申すが、その方の職分は何だ。
吉　わたくしは未《ひつじ》でござります。
藤八　えゝ年を聞くのではない、汝《われ》は何生業《なにしようばい》だと申すのだ。
吉　その生業《しようばい》がひつじで、髪結《かみゆひ》だと申すのでござります。
栗平　何のことだ、未だの噺家《はなしか》だのと、花鳥茶屋《くわてうぢやや》へでも行つたやうだ。

とある。

花鳥茶や鳴ぬ男鹿も又哀れ　一一八28

――牡鹿ばかりで牝鹿がいない。

大名の眼に吉原ハ花鳥茶や　一五四19

7　孔雀茶屋

孔雀を飼育して見世物にした茶屋。これは上方の例だが、『浪華百事談』〈巻之七〉（著者未詳・明治38年）に、

○孔雀茶店

「摂津名所図会」の中に、孔雀茶の図を、下寺町の条に挿画して、其地位を記さず、之れ、寛政中は、児童も知るを以てならん歟、…（略）…孔雀茶店の名は、所謂、方今下三番村中にある鶴の茶屋の如きものにて、茶店の庭中に、孔雀および名鳥を養ひ、休憩する人の目を慰めん為となすものにて、想ふに、今博物場中に、禽鳥、畜獣を聚めて、衆に縦覧せしむる分野とひとしき物ならん、今は、孔雀如きは珍とすべきものならねども、寛政のころには、最めづらしく見しものにて、衆こぞりて此茶店に来りしとおもへり、

とあり、私的小形動物園をなしていたものと思われる。

小便ハ牛も叶わぬ孔雀茶や　　六五5

――句意不明なれど、孔雀の放尿の量の多いことを言うか。

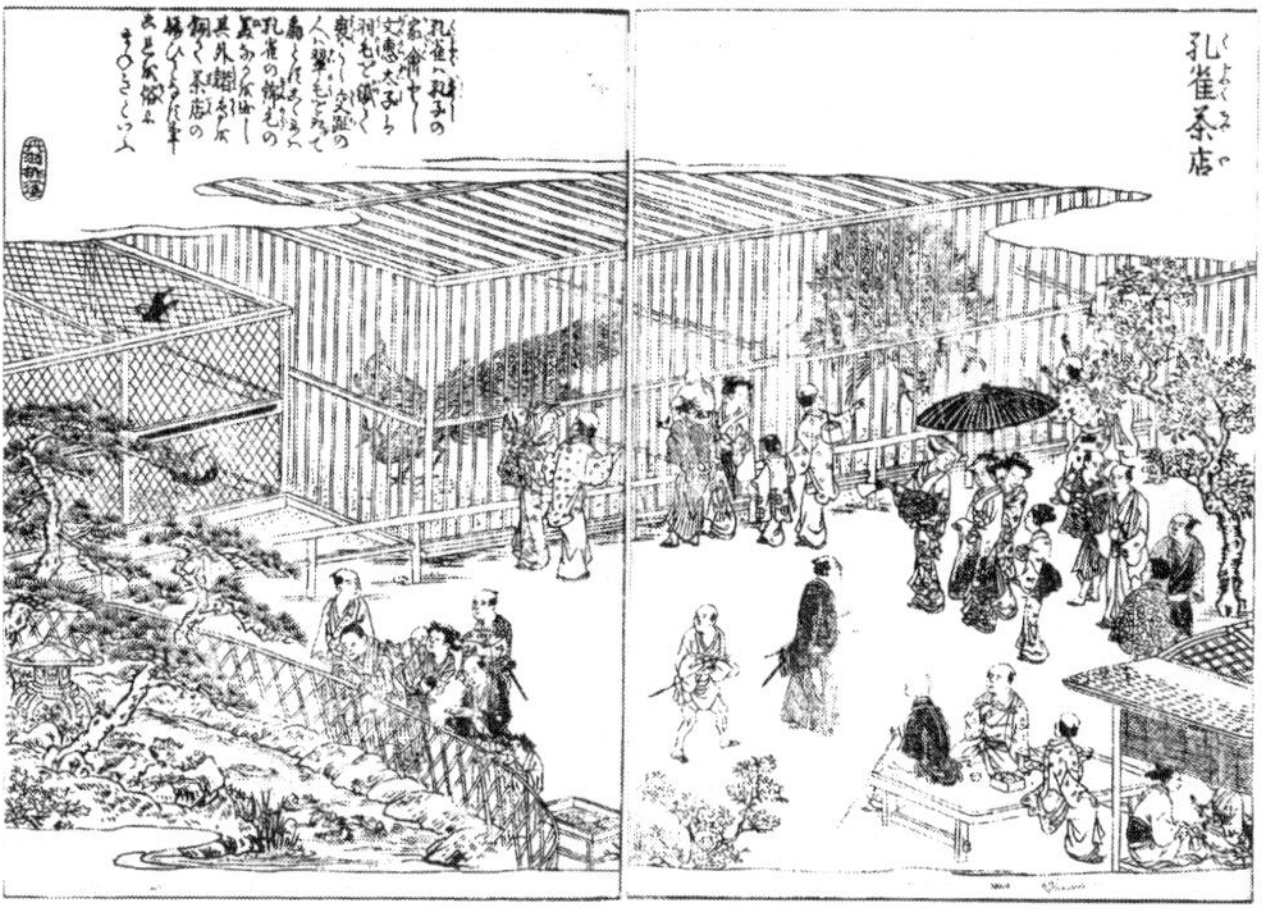

『摂津名所図会』(竹原信繁画、寛政10年〔1798〕刊)より
孔雀茶屋　白鹿記念酒造博物館蔵

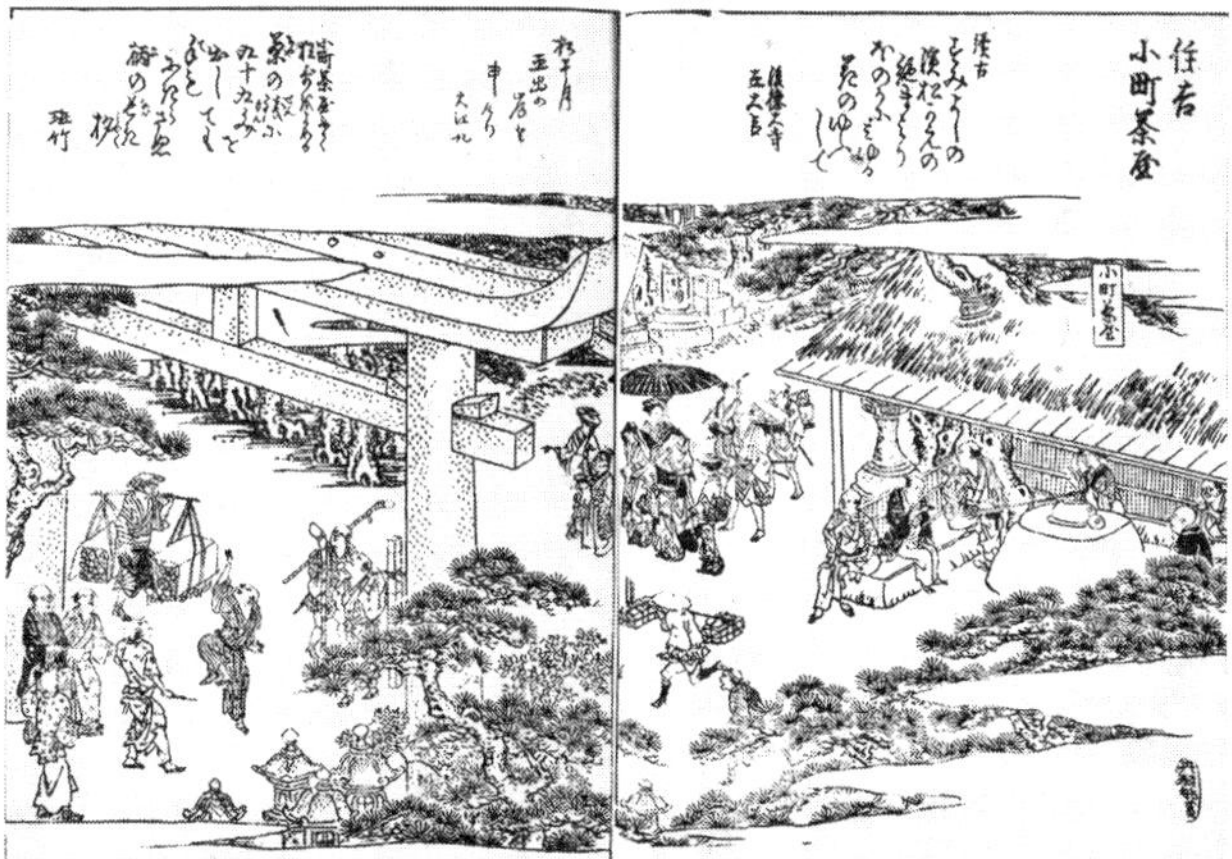

『摂津名所図会』(竹原信繁画、寛政10年〔1798〕刊)より
小町茶屋　白鹿記念酒造博物館蔵

8　小町茶屋

摂津国、住吉神社の前にあった茶屋。柄の長い柄杓の上に茶碗を載せて客に出したことで知られる。『摂津名所図会』〈巻之一〉（秋里籬島・寛政10年）には、挿絵があり、

小町茶屋　住吉の松原に土居を儲て茶店を出し柄の長き杓にて茶碗を載せゆきゝの人に茶をすゝむ今ハ安立町の北端《きたのはし》にあり。この茶店の女ハ夫を持ぬゆへ小町茶屋といふとぞ

狂哥　茶の銭に九十九文を出しても手も握らさぬ柄の長き杓　斑　竹

羇旅漫録　小町茶屋誰がうらみより秋の雨　曲亭馬琴

と書かれている。

流を汲ンで世を渡る小町茶屋　一三六13

――定めのない身の上を納得して。汲むは流れと茶の掛詞。

実に和哥の神の宮居に小町茶屋　一三六13

――住吉神社は海上の守護神として、また、和歌の神として崇敬されている。そこに女流歌人小野小町と同名の小町茶屋とは当を得た存在。

小町茶屋手も握らせぬ長柄杓　一三六13

柄杓て茶碗汲で出す小町茶屋　一四〇7

9　桜の茶屋

桜の花の咲く頃、花見客を当て込んで設けた、小屋がけの茶屋を言うのであろう。

夜半過て、御築山の西なる桜茶屋の椙戸《すぎど》破りて、幾年かふりし狸の首切はなされて、今に牙をならし、

とあるのは、井原西鶴の浮世草子『男色大鑑』〈巻二・二〉（貞享4年）に見られる一節である。

矢立出すさくらの茶屋に備後莚　一二〇1

10　芝居茶屋

芝居小屋に付属して、観客の案内や幕間の休憩や食事などの世話をする茶屋。いずれの

芝居小屋にも大小合わせて三十軒近い芝居茶屋が付属していたようだ。その内表茶屋は芝居町のメインストリートに面して見世を構え、裏茶屋は楽屋新道《がくやじんみち》に面したところにあり後ろ暗い営業をしていた（この裏茶屋に関しては別に項を立てて触れることにする）。

鶴屋から娘鶉へ飛んで行キ　一〇七12

――鶉《うずら》は芝居小屋の客席の一つ。

大当り鶴屋千歳と寿を延し　一〇七12

つる〳〵と御客鶴屋へつつ這入り　一〇七12

千客万来雀〳〵と這入くる　一〇七12

千客はつる屋〳〵と万来なり　一〇七12

五町に雀市弐町に八雀九なり　一〇七12

――五町の鶴市は、吉原京町の交じり見世鶴屋市三郎。鶴九は鶴屋九兵衛。

右六句の鶴屋は、葺屋町楽屋新道の茶屋鶴屋九兵衛。いずれの句も「鶴は千年」に掛けて詠んだもの。

美しき桟敷の客も弁天屋　八一19

うつくしい桟敷ひなやに弁天屋　一〇七8

――右二句、弁天屋は葺屋町の小茶屋、弁天屋孫次郎。雛屋は中村座東方にあった、雛屋徳三郎の見世。

弓ン手に毛氈かいこんでおしづかに　一〇七2
あひそうに茶やの女房ハ一まく見　明元智1
芝居茶屋安くハ踏メぬ福艸履　一四七20

――土足で二階に上がり、福草履に履き替えて客席へ。

11　団子茶屋

行楽地などに出張って団子などを商う茶屋を言うのであろう。
為永春水の人情本『春色恵の花』〈二編・巻之一・第二回〉（天保7年）に、

インニヤ、嬶《かかあ》は土手の際《きは》へ団子茶やを出して居《ゐ》らア

などと。

そろばんをひかへたよふなたんご茶や　宝12仁4

――串にさした団子を焼いている姿が、大きな算盤を前にして座っているように見え

る。

だんご茶屋おへたをはさみ〱やき　天五信3

桜さく木の下かげに団子茶や　九四39

――「木の下かげ」は、薩摩守忠度の歌「行き暮れて木の下陰を宿とせば花や今宵の主ならまし」（『平家物語』〈巻第九〉からの文句取。

それ者のはてが横櫛の団子茶や　一一六28

――「横櫛」は、櫛を鬢に斜めにさすこと。また、その櫛。

12　珍物茶屋

花鳥茶屋・孔雀茶屋などと同じ形態の茶屋。珍奇な物を並べて客を集めている。
洒落本『猫謝羅子』〈自序〉（正徳鹿馬輔・寛政11年）に、

　両国の広小路に珍物茶屋ありといへとも。（中略）
　珍物茶屋に足のある蛇が出れば。

と。

持参娵見逢珍物茶やでする　三六13
医学館珍物茶屋のやうにみせ　七九33
――直接珍物茶屋を詠んだ句ではないが、医学館もまた珍物を並べている。

13　出合茶屋

男女が密かに逢瀬に使う茶屋。待合茶屋、出合屋、出合宿、貸席などとも言い、現代のラブホテル。町中至る所に存在したが、上野不忍池にあったのが有名。弁天へ通ずる道の両側や島の周囲に池に突きだして建てられていて、池の茶屋・蓮の茶屋・蓮見茶屋などとも呼んだ。

井原西鶴の浮世草子『好色一代男』〈巻四・五〉（天和2年）には、

美しき尼をこしらえ、身は墨衣をきせ置、なりさうなるおかた達に付てつかはし、「我宿は是。ちと御立寄」と取こむ事もあり。しるしの立ぐらみといふは、出合茶屋の暖簾に赤手拭結び置ぬ。かならず此所にてわづらひ出して、「爰をかる」とてはいる事あり。

などとある。

待合てどらを打てる茶な隠居　一一三3
かげまやが無ィと出合やまたはやり　末一11
こらいじやうなくて出合や出来ぬもの　天四桜2

待合や出合屋の句は右の通りだが、出合茶屋の句は恐ろしく多いので、ほんの十句ばかりを紹介するにとどめておく。

出合茶やしのぶか岡は尤な　明四智7
にぎやかてハもふからぬ出合茶や　天五花3
出合茶やあやうい首か二ッ来る　明五仁2
出合茶やなにか女のしいる声　安四鶴1
出合茶やゆるせの声は男なり　安二鶴1
出合茶や男ハ半死はんしよなり　安四信7
出合茶屋鏡をかすがしまひなり　明四義3
下リしなにはしこをのぞく出合茶や　明五梅4
出合茶やねきれハ鼻てあいしらい　安元松4

出合茶や二ッにわれてかへるなり　明三仁1

14　池の茶屋

池の名に背いて池の茶やをかり　一〇〇150

——池の名は不忍池なのに。

大ぜい来てハよろこばぬ池の茶や　安八仁6

床ヵ下におし鳥の住池の茶や　四九14

蓮掘に気を通しやなと池の茶や　二五24

——「気を通す」は、気を利かす。

池の茶や玉に疵なハ惣かうか　二八27

——共同便所。

15　蓮の茶屋

蓮の茶や首をおやして亀硯《キ》　三六30

神躰のやうなを連て蓮の茶や　七九32

——ご神体は弁天様。その弁天様のようなべっぴんを連れて。

たる事を男ハはすの茶やてしり　天元満2

蓮の茶やにごりに染まぬつらて出る　三二40

箱入の玉とあさむく蓮の茶や　一二三39

——右二句、僧正遍昭の歌に「はちす葉のにごりに染まぬ心もてなにかはつゆを玉とあざむく」（『古今和歌集』〈巻第三〉）とあり、その文句取。

16　蓮見茶屋

半座を明て待ッて居る蓮見茶屋　一一七1

17　天下茶屋

慶長一四年（一六〇九）、摂州天王寺町大字天下茶屋で敵討ちが行われた。浮田秀家の家老林玄蕃が、同家中の当麻三郎右衛門に暗殺されたので、玄蕃の子重次郎と源三郎兄弟が敵を探す。兄重次郎は大坂で敵に巡り合うが、かえって返り討ちにあい、弟源次郎が天下茶屋で見事敵を討ち果たすことになった。この仇討ち事件が、〈天下茶屋の仇討ち〉として人口に膾炙することになったのである。

仇をほうじて名の薫る殿下茶や　一一八5

中入りに講師も休む天下茶屋　一三六7

天下茶屋についてはもう一つ、『摂津名所図会大成』（暁鐘成・安政2年以降）に、

天下茶屋《てんがちやや》住吉街道ニあり原《もと》此里ハ勝間村の出在家《でざいけ》なれども世に天下茶屋村といひならわせり

伝《つたへて》云《いふ》往昔《そのかみ》豊臣秀吉公堺政所《まんどころ》に御往来《ごわうらい》の時此地の茶店に於て御休息ありて御茶を召上られ風景を賞し給ふよりして終に地名を天下茶屋と言ならわせしとぞ

とあるが、こちらの天下茶屋を詠んだ川柳は見当たらない。

18 煮売茶屋

煮売酒屋・煮売茶見世・煮売見世・煮売屋などとも言った。飯と惣菜用の野菜や魚・豆などの煮物を売ったり食べさせたりする見世である。そして酒も飲ませた。

首二三級ぶら下ヶる煮売茶屋 傍三21

――さばいた魚の頭をメニュー代わりに軒先にぶら下げる。

風来山人の談義本『風流志道軒伝』〈巻之二〉（宝暦13年）に、

御影供の参を頼に、江戸の田舎の片ほとりにも、煮売店の立つゞく、大師河原のにぎはひ、世は空海とぞ知られたり。

と。なお、文中の「空海」は「喰うかい」との洒落。

がいこつをかんばんにするにうり見世 明二義7

弐三本うちわをつるすにうり見せ 天元信2

しぶうちわつるすハけちなにうり見せ 天二327

川柳は、煮売見世が看板代わりに何をぶら下げるか、大いに興味があったようだ。

煮売店さはちへ海老をたてゝ置 筥四30

――さはちは皿鉢。作った海老を盛り立てておく。

くろ鯛を立テものにするにうり見世　安元515

――立てものは主役、第一人者。黒鯛を一番立派な料理に仕立てている。

にうりミせかこうちんミをもりならべ　安五義4

――かこうちんみは佳肴珍味。

井原西鶴の浮世草紙『好色一代女』〈巻四・三〉（貞享3年）に、数寄屋橋のかしばたなる煮売屋に、恥を捨てかけ込、温飩すこしと云さま、亭主が目遣ひ見れば、階の子をしへける。

などと見られる。

煮売やのねんごろぶりハつまみ喰　明二仁2

にうりやのねんごろぶりハなべのぞき　明元義2

にうりやでのませてかへす文づかひ　明二梅3

――吉原の遊女の文を持って来た使いの者、煮売屋で飲ませて。

にうりやハおがんだ手から切リ落し　明三礼5

――鼈《すっぽん》を料《はか》る。

にうりやのけんくわほうてうなどかくし　明四松6
煮うり屋の柱ハ馬に喰れけり　初4

――松尾芭蕉の発句に、「道のべの木槿《むくげ》は馬に喰れけり」があり、そのパロディー。残念ながら「煮売酒屋」・「煮売茶見世」の句は、見当たらない。

19　二軒茶屋

深川富岡八幡宮の境内に、鍵の手に隣り合っていた料理茶屋。松本と伊勢屋の二軒を言う。明和期より天保改革まですこぶる繁盛したが、深川岡場所の取潰しとともに廃業した。

弐軒茶屋それから先キハおそろしい　宝12礼3
弐けん茶やきもをつぶして払イをし　明三梅2
舟へ来テやうじを遣ふ二けん茶や　明三義7
書出しをその座て請ヶる二軒茶や　明四梅2

――書出しは請求書。

羽織迄書キ出しにのる二けん茶や　明四義9

『絵本江戸土産』（西村重長画、宝暦3年〔1753〕刊）より
深川八幡二軒茶屋の図　たばこと塩の博物館蔵

『江戸名所図会』（長谷川雪旦画、天保10年〔1839〕刊）より
二軒茶屋雪中遊興の景　たばこと塩の博物館蔵

——羽織は芸者の異称。

『江戸買物独案内』
（中山芳山堂、文政7年〔1824〕刊）より
二軒茶屋「伊勢屋」
たばこと塩の博物館蔵

『江戸買物独案内』
（中山芳山堂、文政7年〔1824〕刊）より
二軒茶屋「松本」
たばこと塩の博物館蔵

二けん茶や酒ゑんなかばへつれて来ル　明六宮2
――深川では女郎を茶屋へ呼ぶ。
賑やかて淋しい名なり二軒茶屋　八七11甲
八まんの茶やくわんおんの十分一チ　天七整3
――二軒茶屋は、次項、浅草寺境内の二十軒茶屋の十分の一。

20　二十軒茶屋

浅草寺境内の仁王門前、伝法院の向かい側にあった茶屋の総称。はじめ御福茶屋あるいは歌仙茶屋と称して三十六軒あったが、享保初年に二十軒に減少、その後も減り続けて、明治二十年（一八八七）には一軒になっていた。表は葭簀《よしず》張りの茶屋風だったが、裏には座敷などもあって酒肴を出したので、吉原行きの客など

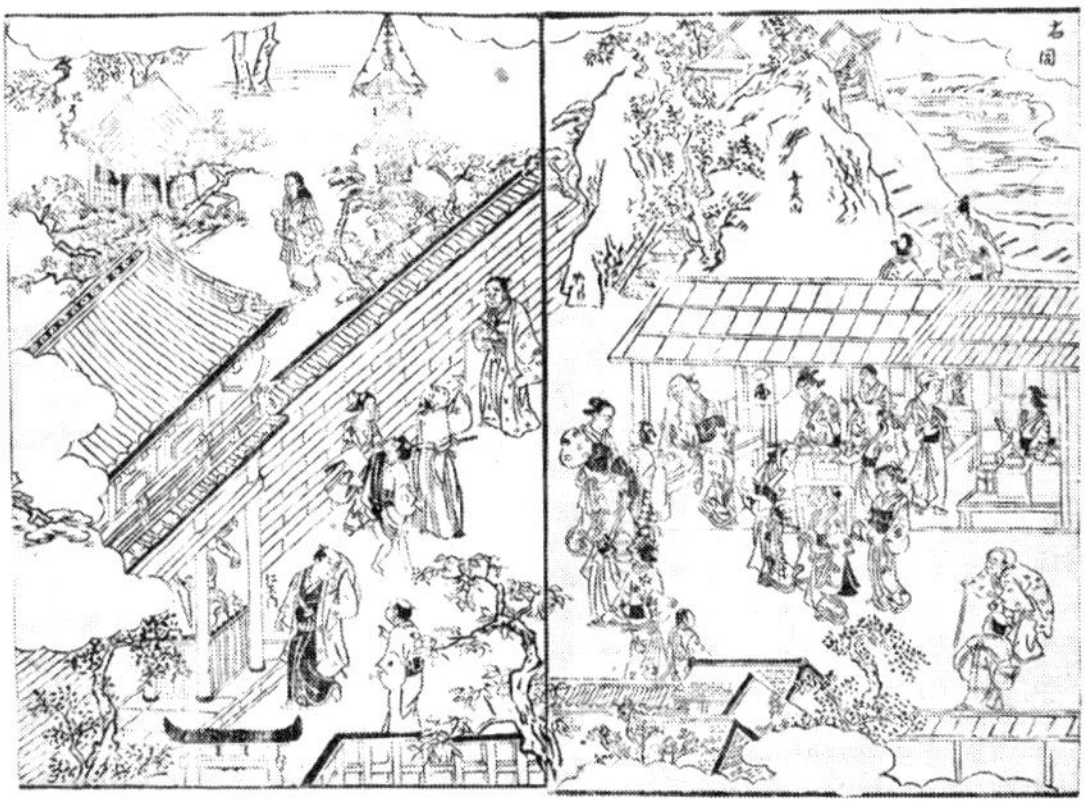

『絵本江戸土産』(西村重長画、宝暦3年〔1753〕刊)より
二十軒茶屋　たばこと塩の博物館蔵

が利用した。また、いかがわしい商いもしたようだ。

伊東蘭洲の随筆『墨水消夏録』〈巻之二〉(刊年未詳)は、

昔はこれをお福の茶屋といふを、いつの頃にか、あやまりて呉服の茶屋といふ、ふるき人のいふ、六七十年以前までは、お福の茶まいれ、と呼しと也、今は二十軒茶屋といふ、

と記している。

二十軒石橋山のすぢむかふ　四四27乙

――伝法院に、頼朝が石橋山の合戦に敗れたとき隠れたという、朽木のような榎があった。

御地内ももちやをこすと美しひ　安三仁6

御てうずともちやの合で日をくらし　安七義4

——浅草餅と仁王門前の御手水鉢までの間。

久米が平内の横手に日半日　安七智6

——久米平内堂。

以上の四句で、茶屋のあった場所が特定できる。

この茶屋は、もともとは参詣客のための真面目な小憩所だったが、後には茶汲み女に若い娘を置き、脂粉を凝らせて蕩児を相手にする商売に代わっていった。また、吉原への通り道に当たっていたので、吉原行きの連中もここをよく利用するようになった。

二十人美女を地内へおんならべ　安四信3

ふだらくの地に善女人二十人　安八信3

美しひ茶のミ友達二十人　傍二31

——二十人は二十軒を暗示したもの。

二十軒四つより前ハなミの茶や　安四信6

四つまへハ老にけらしな二十けん　安六礼3

四ツまてハ世帯しみてる二十けん　二四2

「江戸名所百人美女　浅草寺」（三代歌川豊国画、安政4年〔1857〕）　入間市博物館蔵

四ツは、午前十時頃。それまでは老婆などが店番をして並の茶屋なのだが、それ以後は色気を売る商売に代わるのである。

老若の交代をする二十軒　三五24

そして、鼻の下の長い連中や下級武士で野暮な浅黄侍などがたむろすることになる。

茶によわせてハひつたくる二十けん　明五信3
まつひるまうかされて居ル二十けん　安四仁3
二十けんさいげんも無ク茶をくらひ　安五宮2
ほれられたそうにして居る二十けん　九32
しめやかに浅黄のかたる二十軒　筥四14
十九間ン程ハ浅黄ておつふさぎ　安八天2
帯刀て茶やがせうぎに小一ッとき　安四智9
べん〳〵と浅黄茶碗をなめて居る　安六55会

吉原行きにも都合のいい場所だったから。

二十けんまた御はやいとは入らぬせわ　安二亀2

貴公をまつこと久しと二十軒　二四16乙

――吉原行きの待ち合わせ。

以下の二句は、いかがわしい商売を詠んだもの。

二十軒茶をのませちとあつちらへ　天二85

二十軒うしろの方へつれて行キ　天二仁3

なお、この二十軒については、「水茶屋」の項でも触れる。

21　蛤の茶屋

焼蛤などを売っている茶屋。

蛤の茶屋にもゑんの旅雀　別中22

――諺に「雀海中に入って蛤となる」とあり、その利かせ。「旅雀」は、旅人を雀に見立てて言う語。また旅人をあざけりの気持ちで言う語。

22　引手茶屋

引手茶屋は、吉原および岡場所において、遊客を妓楼に案内するを業とする家。また、その家の者。「編笠茶屋」の項でも触れたが、もと編笠を貸す茶屋が次第にその業態を変化させて「引手茶屋」になったものと思われる。

吉原では遊里内にあって、遊客を各妓楼へ送迎したり、酒宴をさせたりもする。およそ百二十軒が営業していた。一流の妓楼は、直接客を店に上げないで、必ずこの引手茶屋を通す風習だった。

引手茶屋女房はむだな笑ひあり　九三20

色事の調合をする引手茶や　一一四25

口車客の楫取る引手茶屋　一三一13

引手茶屋を通して妓楼に行く場合、その遊興費はすべて引手茶屋が代行してくれる。素性がはっきりしている客ばかりだから、その清算は月毎とか半期払いとか、あるいは前金で行われた。

する内は請合て居る引手茶屋　一六〇2

――客が金を使って遊んでいる間は。

壱両のせ中で茶やへ壱分やり　安六梅1

とこ花の口のこ茶やへはねるなり　天七105

――口の子は売買における仲介手数料。茶屋は床花の上前をはねて女郎に渡す。

来月のぶんだと茶やへ五両置き　明八松3

しかし、引手茶屋を通す風習は次第に崩れ、客が直接に妓楼へ上がる〈直きづけ〉が行われるようになっていった。寛政末年頃の刊行と推定される洒落本『讃極史』（千代丘草庵主人・刊年未詳）に、

この頃日本では何がはやるの……茶屋なしの女郎買などは下卑《けび》なはやりさ

とあるから、寛政・享和・文化頃には〈直きづけ〉が主流になっていたのではないかと思われる。

ぢき付けには居るはやすいかいてなり　安八満3

23 水茶屋

水茶屋は、道端や寺社の境内などで、湯茶を飲ませて往来の人を休息させる店である。上野山下、浅草寺、谷中の笠森稲荷などの地内にあったものは看板娘を置いて客を呼び評判をとったものであった。すでに項を立てて説明した「二十軒茶屋」などは典型的な水茶屋であるが、特徴的であり、句も多いので、特別に項を立てて説明した次第。

著者未詳の『寛保延享江府風俗志』（江戸後期）に、

○水茶屋も寛保頃迄は、浅草観音地内、神田明神、芝神明、あたご或は両国等に有計にて、町中には無レ之事也、道路にては何程休度思ひても、右の場所迄も行届かざれば、茶見せは曽て無レ之事也、たま〱は端々に有所の茶屋といへ共、床机一つ二つに、土へつつゐに古茶釜茶わんはきん形のお室やき、年玉茶わんにて、渋茶の事にて有し、今の如く奇麗に成たる初は、芝切通しに一ぷく一銭とて、唐銅茶釜をたぎらかし、其蓋りん〱と鳴し、茶碗等より奇れいして、況や茶芽久保宇治等を用ひたる事也、夫より諸々沢山出来たる事也、延享の末に新橋朝日といへる見世出来、又其頃にしがらき抔出来て、此頃より下々にても上茶飲覚えて、殊外はやり、夫故おごり付て唐茶はやりしが、是は余り気づよき抔いふてすたりし也、又唐菓子抔は、町方にては一向聞も見もせざる物にて、たまく好《こうず》主人好みても、石町長崎屋方へ無心不レ申ては、絶て無レ之事也、

と、水茶屋の簡単な変遷過程が綴られている。

これらの水茶屋は、看板娘を置いて客を招いたわけだが、明和期（一七六四～七二）に入ると、春信や文晁の描いた谷中笠森の鍵屋おせん、寛政期（一七八九～一八〇一）には歌麿が三美人として描いた浅草寺随身門前の難波屋おたき、薬研堀の高島おひさ、芝明神前の菊本おはん等は、いずれも水茶屋の女だった。

水茶やのていしゆ子守リに掛て居　明二松6

——見世に出るのは女房のほう。

水茶やは壱本くべてぬつて居る　明四仁4

——化粧と湯を沸かすのを同時に。

水茶やで壱把焚切る日の永さ　傍二24

うらおもてある水茶屋ははやるなり　天六和3

——中には裏の商売をする店もあった。

水茶屋へ来ては輪を吹き日を暮し　宝七1215

水茶やのねんごろぶりは立つてのみ 安九松4

君は舩臣は水茶屋よりかへり 九九87

――主人は吉原へ、供の者は帰途に着く。

水茶やの娘の顔でくだすはら 宝12満2

――茶を飲み過ぎて。

水茶やを口説ばせせら笑つてる 三二11

水茶屋にぶら付いてゐる大だわけ 筥壱7

――この男は吉原へ行く勇気もなくぶらついているだけ。

そして、水茶屋では盛んに見合いが行われた。水茶屋が軒を並べているところでは、二軒の茶屋を借りれば、一定の距離をおいて席を設けられ、それとなく観察し合えることができて好都合だったのであろう。

水茶やへ多弁なやつがさきへ立 傍二2

――多弁な奴は仲人。

水茶やを二けんふさいで見つ見せつ 明四松1

日をゑつて茶をのみに行はづかしさ 一〇20

「当世美人合」（三代歌川豊国画、文政〔1818～1830〕頃）　たばこと塩の博物館蔵

水茶やへ行日美つくし善つくし　明六梅2

水茶やもかんづいて居はつかしさ　安八宮2

そらつ茶をのみ〳〵見たりみられたり　一二17

水茶やに娘さしうつむいて居る　安四信2

うつむいて茶をきつすのは其二人　五一29

一生の身のかたづきを茶できはめ　筥一27

鼻がひくいのと茶をのみながらい〳〵　傍二30

気に入らぬそうと水茶や同士い〳〵　明五亀2

気に入らぬ方が水茶やはやく立ち　安七義1

瓜に茶をのませへちまと引かへる　二九1

——瓜は瓜実顔の美人、糸瓜は糸瓜顔の不美人。見合いに美人を見せて結婚するのは違う娘。

みせ馬だのと水茶やもけどるなり　安六智1

——見合いする娘が替え玉だと、茶屋は見抜いている。

見合いがうまくいけば、話はとんとん拍子に進んで、間もなく結婚となる。

水茶やもすんでなゝ所よりもらひ　一四23

――この娘は早々とお歯黒を付ける。お歯黒は鉄漿《かね》を七軒から少量ずつ貰い、これを混ぜて使用するのである。

水茶やで見たよりどうかわるくなり　安六梅2

――結婚してみると、見合いのとき見た娘と違うようだ。さては替え玉を喰ったかと気がついても手遅れである。見合いといってもろくに顔も見ないし、結婚するまで、一度も会わないで一緒になるということもあったから、こんなことも、実際行われたようである。

24　明星が茶屋

伊勢国多気《たき》郡明星村（現・三重県多気郡明和町大字明星）にあった茶屋である。伊勢参宮をする者は、この茶屋で旅装を改め、清めの水を長柄杓ですくい、女子は男装し、僧侶は付け鬢をして神前に向かうのである。

明星が茶屋については、蔀《しとみ》関月《かんがつ》が編纂、寛政九年に刊行された『伊勢参宮名所図会』

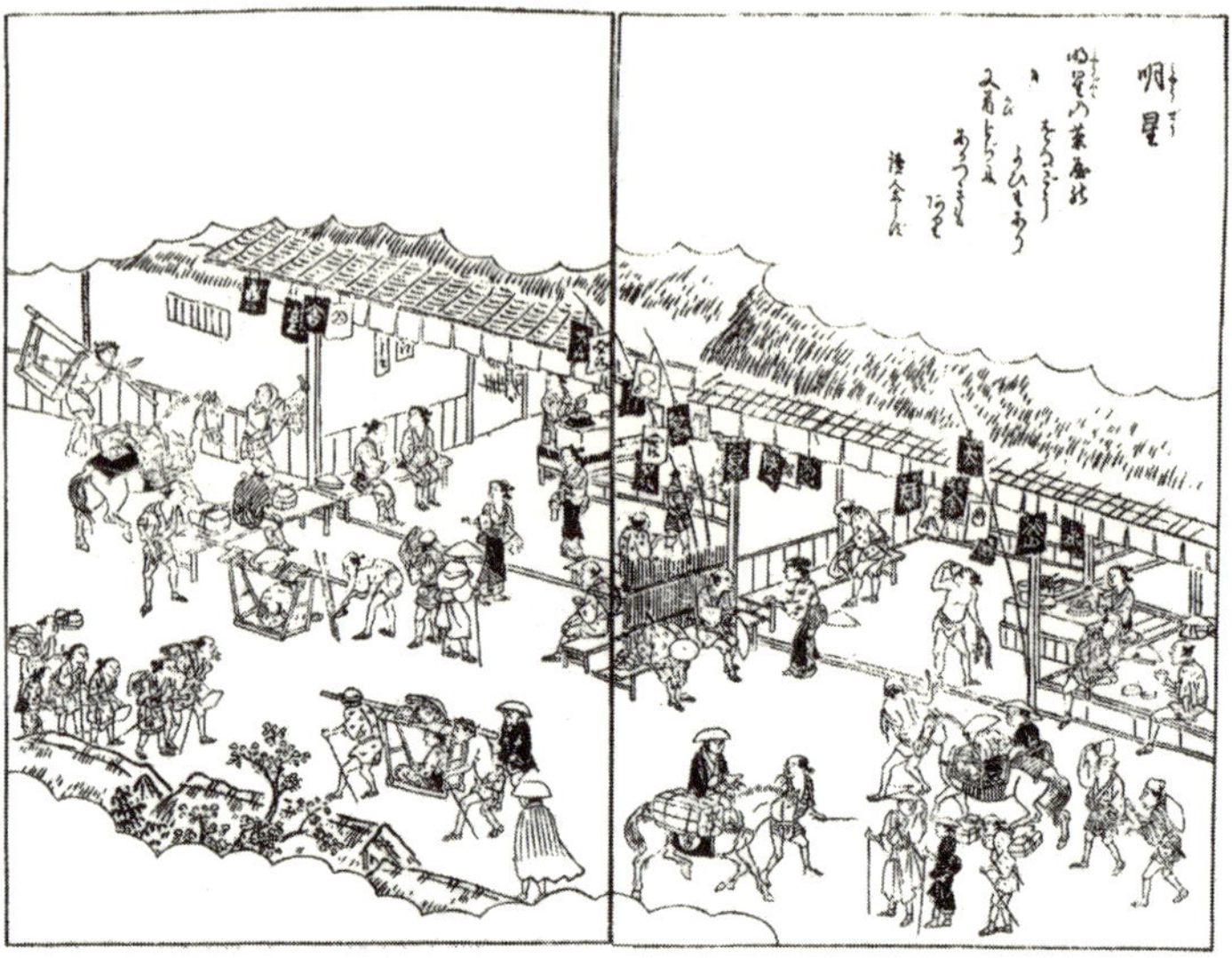

『伊勢参宮名所図会』（蔀関月画、寛政9年〔1797〕刊）より　明星が茶屋　個人蔵

の〈巻之三〉に挿絵が描かれているが、その説明文は見当たらない。そこで井原西鶴の『西鶴織留』〈巻四〉（元禄7年）を引用すると、次のようにある。

明野が原明星が茶屋こそおかしけれ。いつとても振袖の女、赤根染のうら付たる綿《もめん》着物《きるもの》を黒茶にちらし形付ぬはひとりもなし。扨日本に爰の女程白粉を付る所又もなし。同じ出茶屋の女の風俗、住吉とは是各別の事也。所によりて伊勢・難波の替りあり。爰に心を留《とむ》るにもあらず、旅のしばしの慰みぞかし。

ここの茶屋女は相当なまめかしい姿

をしていたようだ。

天てらす神とて地にも星の茶屋　七二1
明星か茶屋を限リの柄カ袋ロ　宝11松3

――道中ざしの脇差、柄袋などを取り除く。

明星の茶屋からやめるむたつくち　明元梅1
明星の茶屋から御師に見かきられ　拾四7

――御師の案内もここまで。

明星へ宵から御師の迎ひ駕　一一六12

なお付記すれば、この地に新茶屋が出来るまでは、講宿は太々講《だいだいこう》を明星が茶屋まで送迎したが、その後三キロほど手前に新茶屋が出来てからは、Ｃクラスの安い講は新茶屋までしか送迎しなくなった。Ｃクラスの客はここから草鞋《わらじ》を履かなければならなくなったのである。

太々のしん茶やからハおちぶれる　安五桜3
新茶屋で草鞋にうつる恥づかしさ　安八桜1

25　無尽茶屋

「無尽」は頼母子講のことで、庶民金融の一つ。講親と称する世話人が、仲間を募り一定の掛け金を集め、定期的に集合して入札を行い、仲間がその金を交互に借りて使用するというシステムである。無尽茶屋はその集合のために借りた茶屋の貸席のこと。

無尽茶や壱本か二本つえが見へ　明元礼3

――「杖」は、杖をついた盲人（金貸し座頭）のこと。大きな講になると、百両・千両に及ぶ融資が受けられるものもあった。この大金を目当てに座頭も参加する。

本くじは又けんぎやうにしよしめられ　明三礼1

――「本くじ」は、無尽などの当たりくじ。

という句もある。せっかくの当たりくじを、高利貸の検校に持っていかれては、庶民金融の目的が果たせなくなるのである。

無尽の終わったあとの娯楽のため、碁・将棋盤、かるた札、丁半賭博道具などが用意してあるが、どうしても碁・将棋よりは賽賭博のほうに、人気が集まってしまうのである。

袋棚から札を出すむじん茶や　明六松4

はんじやうは坪におされる無尽茶や　安元梅3

ところで、富くじの場合も同じであるが、無尽講の場合も飯杓子を懐中にして参加すると、当たりやすいという珍奇な呪いが行われていた。

ふところでめしをもつてるむじんちやや　天六福2

――「飯を盛る」は、杓子を懐中にしているとの洒落。

26　大和茶屋

大和茶屋は、浅草寺の山門外にあった水茶屋。天明の頃、蔦屋お芳、堺屋お袖など錦絵の一枚絵に描かれるほどの看板娘がいて繁盛した。

『江戸真砂六十帖広本』〈巻十〉（著者・刊年、未詳）を見ると、

　江戸町々に水茶屋始る事

浅草観音、芝神明、其外宮地寺々には、古来より有来る、享保十八丑年、嵯峨釈迦如来回向院にて開帳、両国橋の川端に茶屋出来、元文四年、信州善光寺回向院にて開帳、両国五十嵐向広小路に、大和茶壱ぷく壱銭に売る茶屋出来、同朋町源七と云者大坂

者にて仕出す、段々今は町々に出る、

とあって、水茶屋は昔からあったが、善光寺の開帳があった年、元文四年（正しくは元文五年）に大和茶を一服一銭で飲ます茶屋が出来、これが大和茶屋の濫觴だとしている。

なお、洒落本『風俗問答』（劉道酔・安永5年）に、

大和茶御休所も酒を第一とし美人《てき》即当炉《あいてになる》は何の謂ぞ答て曰風俗華《くは》にして麗なり是放客《いきま》の心を得る者なり

とあり、時代が下がると、かなりくずれた風俗を呈するようになっていたようだ。

大和茶の亭主を見たる人もがな　　拾三6

——商売は女がやり、亭主は顔を出さない。

青梅嶋迄ハきこなす大和茶や　　明六信4

——高級な絹ものは着こなせないが、青梅縞ぐらいなら似合う女たち。

大和茶ていちやついて居見くるしさ　　明八義6

——ろくな女もいないのに、そんな女たちといちゃつくとは男のほうも男である。

大和茶てしごくひそかなどらを打　　安元仁3

大和茶でねがひある身の長咄し　　安二義5

「風流四季の月詣　花見月」（鳥居清長画、天明〔1781～1789〕中期）
たばこと塩の博物館蔵

――「願いある身」は仏弟子の諷意《ふうい》で、修行中の僧の水茶屋遊び。

はつきりといいやともいわぬやまと茶や　安八信3

――靡《なび》くが如く、靡かぬがごとく、男と距離を置く女の常套手段。

大和茶屋やわらく風俗ではやり　傍四8

大和へ通ふ縁遠ひむすめ也　筥四7

――大和茶屋でも見合いが行われたようだ。

大和茶の見せはしばらく留守に成　桜8

――看板娘が月経で。

大和茶おやじ四五日してしまひ　明三松5

――娘たちが店をやめては商売にならない。

大和茶は家ざいのこらずかつぎ出し　安二義4

――よしず張りの仮小屋だから簡単に片付く。

27　料理茶屋

料理茶屋は、客の注文に応じて料理を提供するのを業とする店である。料理屋とも言う。

小川顕道の随筆『塵塚談』（文化11年）には、

東叡山の麓不忍池に、寛政年間、新地出来、（略）新地には料理茶屋、楊弓場、講釈場、瑞竜軒など出たり、其外家居建つらね、

また、『明和誌』には、

料理茶や、寛政の頃より流行専らなるは、金波、二藤、田川や、なべ金、八百善、平清、さくら井、夷庵一名まつ本や、いづれも上品にして価高事限なし。

などとあるが、著名な店も多く、これらをいちいち取り上げると大変な紙数を要するので、ここでは料理茶屋の特徴を詠んだ数句にとどめることにする。ご了承願いたい。

りやうり茶や御座をなされにつるべて居　明三信3

――席について下さいと言われて、順番に座っていく。「つるべる」は、連ねるの意。

すりこ木のはなはだ長いりやうり茶や　安二智5

りやうり茶や丸太でみそをすつて居る　天元義3

――商売柄、巨大な擂《す》り粉木《こぎ》を使う。

火鉢へも白箸をうつりようり茶や　二七6

——白箸は白木のままの箸。

料理茶屋連理の箸を付て出し　三一33

——紐で繋いだ箸。

顎を釣すを見へにする料理茶や　一三一21甲

——料理した鮟鱇の顎などを吊して、見栄えをよくする。

りやうり茶や本の娘はあばた也　二一ス6

——水茶屋あたりでは美人を置いて客寄せをするが、料理茶屋は味が勝負。それにしても、料理茶屋の娘があばたとは。

りやうり茶や御しづかにへと三把上げ　明三礼5

——この句は、雑司ヶ谷鬼子母神前の料理茶屋が、百度参りの人に「お静かにねがいます」と言って、数取り用の「さし」を三束渡したというのである。

28　留守居茶屋

各藩の留守居役が、寄合いなどでよく利用する茶屋。浅草見付付近や両国などにあった。

石橋万《よろづ》と申ては留守居茶やのてつぺんさ　（洒落本『婦美車紫鹿子』道郎苦先生・安永3年）

などと見える。

こま下駄の年始をうける留主居茶や　明七信2

——留守居役の会合に踊り子を呼ぶので。

留主居茶やせうぶ刀のやうにかけ　明六礼1

——菖蒲刀は端午の節句に飾る太刀。

留守居茶やらうそく鑓が二三本　三五35

——蝋燭槍は蝋燭の形をした鞘を被せた槍。

留主居茶やころびませぬときめて出し　明五仁2

——身体は売りませんと宣言して。

留守居茶屋扨万八な娘来る　五一13

——万八は真実は万に八つしかない、つまりは真っ赤なうそ。娘とは言うがまったくのうその踊り子。

29 茶屋

今まで、二十八項目にわたり、様々な種類の茶屋に触れてきたが、川柳にはなお、どの茶屋を詠んだ句なのか、指定していないもの、あるいは茶屋全体を詠んだものなど、様々な句が残されている。

とうろふも茶やへ行ク のハのしが付キ 宝13智3

――売り手も熨斗《のし》を付けて納入する。

座敷牢茶やまて門をとめらるゝ 明元亀4

いけんする茶やハ地道に取ル気なり 明三礼4

そろ〳〵と茶やも人相づらになり 筥二29

――「人相面」は、無愛想な顔つき。不義理を重ねたり、金払いが悪くなると、茶屋は態度が変わる。

茶やの石こうが出来ルとたらぬなり 明四礼5

茶やの名をきゝ〳〵傘を引たばね 明五梅1

――雨が降って、傘を届けるため。

へつらいも無ィ茶やの出ル花の山　明五桜2

――地元の百姓などが店を出したのであろう、売れても売れなくてもいいから、客にへつらわない。

戒名を御菜ハ茶屋へ聞に行　拾三15

――奥女中が死んだ歌舞伎役者の墓参り、戒名がわからないので御菜を聞きにやらせる。御宰《ごさい》は御菜とも書き、奥女中に雇われて小用などを足す下男。

壱里づかのまへもちやも茶やもあり　安八桜2

番かさと蛇の目あやしい茶やノ奥　二九26

などなど枚挙に暇がないから、このあたりで切り上げることにしよう。

30　茶見世

茶屋の小形の見世を茶見世と言っていいと思うが、必ずしもそうでないことは初めに触れた通りである。また、一口に茶見世と言っても、実は様々な形態をもつ見世のことを言った場合が多い。これは句の内容により分類していくより方法がない。しかし、ほとんどの句が二十軒茶屋を詠んだものである。

廿にもなるやごとなき茶見せ也　四四8

普門品五ッへらして茶見せなり　三六23

――「普門品」は、法華経第二十五品、妙法蓮華経観世音菩薩普門品の略。二十五から五ひいて二十。

だうよりも茶見せハ二けんひろいなり　天二327

――浅草寺本堂は十八間四方、だから二十軒は二間広いという理屈。

御つれ衆かおそひで茶見世日か暮ル　明四義3

名代のていしゆ茶見せに太義そう　安四義6

大だわけ茶みせで腹をわるくする　二五14

歯をそめてむすめ茶見せへ二日出す　天五智1

どうか一トくせありそうな茶見世なり　天七915

その他には、

茶見せから町人になるけちな事　天四桜2

――侍が茶屋に刀を預けて吉原へ。

梅か香にふッと句の出る茶店哉　一二一11

茶見せはるとしまも廓の煎シ殻　七八6

――吉原で勤め上げた年増の女が茶見世を開業。

など。

二、地名や場所名を冠した茶屋

1　飛鳥の茶屋

花見時の飛鳥山に見世を構えた出茶屋であろう。

なぜこまつなぐとあすかの茶やしかり　安九義2

――満開の桜の木に、なぜ馬を繋ぐのか、花が散ってしまうではないか、と。「何故駒繋ぐ」は、元禄時代の民謡に「咲いた桜になぜ駒つなぐ、駒がいさめば花が散る」とあり、その文句取。『山家鳥虫歌』（明和8年序）に収録されている。

2　伊勢の茶屋

伊勢にある茶屋である。これを浜荻の簀《す》で囲ってあるというのだが、この浜荻にはちょっと裏がある。実は、浜荻というのは難波では芦と呼んでいる。物の名が所によって変わることのたとえに使われているのである。「百人一首」の伊勢の歌に「難波潟短き芦の節の間もあはで此世をすぐしてよとや」とある。

浜荻を他国の名にて伊勢は詠み　二六10
浜荻と伊勢よみそうな所也　三七34
浜荻を詠みそふな伊勢芦を詠み　六〇23

などの句がある所以である。つまるところ、伊勢の茶屋の句は、本来「芦の簀で囲ひするいせの茶や」と詠むべきところ、「浜荻」と伊勢地方の言葉で詠んでいるというのである。

浜荻の簀で囲ひするいせの茶や　七六14

3　板橋の茶屋

板橋の茶屋である。この茶屋に荷送り人より先に鶉《うずら》の荷が届いているというのである。

『和漢三才図会』に、

鶉は処処の原野に多く之あり。甲州、信州、下野最も多し。畿内の産亦勝れり。

とあるから、甲州あるいは信州で買い付けたものであろう。

板はしの茶やに先キ荷のうづらなく　安五鶴2

4　田舎茶屋

どこの田舎というわけではない。どこにでもある田舎で、そこにある茶屋である。

顔見世の引ッへかしはる田舎茶や　天三梅2

——顔見世の宣伝用の絵、それを剥がしたのを貼ってある。どうやら何年前の顔見世のものかわからない。

何時と聞ヶばあをむく田舎茶や　五一28

——田舎の茶屋だから、時計などという洒落たものはない。お天道さんの位置で時間はわかる。

5　稲荷の茶屋

稲荷社の境内にある茶屋を言うのであろう。

あをかりしいなりの茶屋の草の餅　　八九1

茶屋で売られている草餅が青かったというのであるが、事は単純ではない。『古今著聞集』〈巻第五〉に、

しぐれするいなりの山のもみぢ葉は青かりしより思ひそめてき

の歌があって、この歌から「青かりし」と「いなりの山の」の二節を文句取しているのである。なお「青かりし」の一節は、謡曲の『一角仙人』『熊野』『松尾』などにも引用されている。

6　上野の茶屋

下谷池之端に酒袋、酒悦、酒好と呼ばれた三間の香煎茶屋があった。方外道人の『江戸名物詩』に、

祇園不レ及香煎味　下谷仲町酒袋方　買ニ得テ家々皆便利客来レバ先出ス一杯ノ湯

とある。これは三軒のうちの酒袋を詠んだものだが、他の二軒も同様であったと思われる。

越王を呑ミに上野の茶屋へより　三九28

——これも少々説明を要する句だ。越王は、中国春秋時代後期の越の国の王。名を勾践と言った。即ち、越王＝勾践＝香煎という駄洒落で作られた謎句なのである。

7　宇治の茶屋

茶所宇治にある茶屋である。本場だから茶屋の句は多いかと思われたが、案に相違して一句のみ。

宇治の茶屋蛍ほと出す煙草の火　別中22

——もう一つの名物蛍のように。

8 裏茶屋

芝居町や吉原の裏通りにある茶屋。芝居町では楽屋新道に面して見世を構えており、吉原では多くは揚屋町の裏通りにあった。

芝居町の裏茶屋では、御殿女中や未亡人が役者との火遊びに利用した。当時、男日照りの女たちが役者を相手に遊ぶというようなことは日常茶飯事で、芝居町が悪所の一つに数えられる所以でもあった。

一方吉原では、芸娼妓が密会に利用した。山東京伝の洒落本『息子部屋』（天明5年）に、「客の用心すべき事」とあって、

口へ出してほれたような事をいふ女郎。宵から女郎のそわくする夜。度々座敷をあける女郎。内のこしもとあるひは茶やの女若ひものなどゝ耳こすりする女郎。裏茶屋と心やすひ女郎。男げいしやをよばせたがる女郎。小用に行ておそく来る女郎。はものを手ちかくへ置女郎。

霜月の朔日丸を茶やでのみ 宝12義2

――「朔日丸」は携行避妊薬。十一月一日から始まる顔見世興行に掛ける。

来るはづと暫屋にて待て居る　藐11

かたく来るはづとしばらくやにて待　筥四21

――暫屋は葺屋町河岸通りにあった「しばらくや市川久蔵」。

裏茶屋はかの人斗来るところ　三12

――「かの人」は意中の人。

飛んだ狂言一ト幕ハ茶屋でする　九九88

うら茶やのかかあしばらく幕ヲ切　四二34

――「幕を切る」は、席をはずす、その場から退く。

芝居から又裏茶屋へ片はづし　八二27

――片外しは奥女中などの髪型の一。奥女中が芝居の後、役者を裏茶屋へ呼ぶ。

忍ひの駒下駄裏茶屋の嵯峨の奥　一一一30

裏茶屋にうすひ仮寐の木綿夜具　一六二28

9　追分の茶屋

追分は道が左右に分かれるところである。そんなところにある茶屋だから、客も左右から来て、左右に散って行く。愛想も右に左に振りまくことになる。

追分の茶屋愛相も右左り　　一三二12

10　王子の茶屋

飛鳥山の麓が王子で、江戸市中からは田舎の感覚だったのだろう。王子には扇屋・海老屋といった料理茶屋があり、稲荷参詣者を相手にする水茶屋もあったはずである。

どこやらが王子の茶やハ町絵めき　　宝九閏75

――「町絵」がよくわからないが、有名な絵師が描いた洗練された絵ではなく、稚拙でごちゃごちゃしていて田舎っぽい絵といったような感じがする。

11　笠森の茶屋

谷中の大円寺に笠森稲荷がある。その名から瘡《かさ》（梅毒）を守るとされ、参詣人が多かった。願をかけるときには土の団子を供え、かなったときには米の団子を供えるという風習があった。

十方庵敬順の随筆『遊歴雑記初篇』〈下・三十四〉（刊年未詳）は、

かさもり稲荷といふは、武城の中に三ケ処あり、第一は谷中感応寺の裏門際にあり、文字には瘡守いなりと称す、入口より両側の茶店には、土にて作れる団子と米の団子との両品を土器に盛てひさぐなり、…（略）…此稲荷へ来りはじめ願かくる時は土の団子を備え、願かなふては米の団子を供すれば也

と記す。

また、明和の頃、社前の水茶屋〈鍵屋〉に仙という美人の茶汲み女がおり、鈴木春信が彼女を浮世絵に描き、「笠森おせん」として有名になった。のち、読売に、戯作に、芝居にとられ江戸中の評判になったのだった。

同頃日ぐらし笠森稲荷に、おせんと云ふ茶屋女、浅草観音奥山に、いてうむすめ楊枝

「お仙茶屋」鈴木春信画（明和２～７年〔1765～1770〕頃）　たばこと塩の博物館蔵

見世に出、両人美人なりとて大評判。夫より所々に名高き茶屋女出来る。

とは、『明和誌』（青山白峰・文政5年序）の記述である。

かさ守ﾘの茶屋の座敷てまくつて見　明三桜4

——着物をまくって見るのは瘡《かさ》の進行状況であろう。

12　叶泉

芝高輪の大木戸付近にあった水茶屋であろう。黙阿弥の『実録先代萩』（明治9年）に、

久方振りにて江戸表へ出府いたして見る所、何時に替らぬ当地の繁栄、高輪の大木戸

などは見せ物や放下師やらで貴賎群集の其の賑ひ

とあるように、大木戸周辺は繁華街になっており、〈叶泉〉もその内にあったろうと思われるが、詳細はまったく不明である。

『誹風柳多留』〈一二四別篇中〉に、「真砂月並卯六月開・芝大木戸叶泉額面会　兼題駅路　催主通人・三箱」とあって、天保三年六月にこの〈叶泉〉で句会が開催されたことがわかる。以下拾い上げた句は、みなこの句会で詠まれたものであり、別篇中以外に〈叶

泉〉の句は出てこない。

日に増して客ハ大入叶泉　別中28
旅送り叶泉て汲かわし　別中28
旅送りにごらぬ茶屋の叶泉　別中28
行先は東海となる泉茶屋　別中28
旅日記叶泉が筆はしめ　別中28
冥加にも叶泉の旅戻り　別中28
滝水は天利に叶泉也　別中28
山帰り叶泉て滝をあひ　別中28

――滝は滝水で、滝水は酒の銘。

立場茶屋叶泉に尽ぬ客　別中28
大木戸に立場涼しき泉茶屋　別中28

右の二句により、〈叶泉〉は後述のような立場茶屋としての評価だったかも知れない。

このあたりは、長旅に出る人を送りに来たり、帰って来る旅人を迎えに出たりする所だったから、詠まれている句も、旅送り・旅迎えの句ばかり、また、叶泉で催された句会の句だから、叶泉に気を使った句も見られる。

13 枯野茶屋

枯野の中にたたずむ茶屋である。寒々しい景である。

汲置の水へ木の葉の枯野茶屋　一三四13

14 鮫洲《さめず》茶屋

鮫洲は「さみず」とも言った。南品川の海晏寺門前の町屋を俗に鮫洲と言ったのである。東海道筋の旅に出る者が見送りの人と別れを惜しんだり、また反対に旅迎いが長旅から帰ってくる旅人を迎えるところでもあったから、何軒かの茶屋もあったのであろう。

わらんじとせつたのわかるさめず茶や　明八智3

――「わかる」は別る。草鞋は旅に出る人、雪踏《せった》は見送りの人。

15　高輪の茶屋

高輪は、大木戸から品川に至る海沿いの高輪十八町、およびその西の高台一帯の総称である。高輪七軒、三軒家など遊所も多く東海道の玄関口として繁盛した。そんな所にある茶屋である、妓楼としてもよいかも知れない。

高輪の茶屋ハちよつちよとへどを干　明元礼6

——船酔いした客も多かったと見える。

高輪の茶やからかみの引手也　四〇24

高輪の茶屋ハ杉戸の引手也　七三27

——唐紙も杉戸も宿場の妓楼を象徴した建具。

騎馬を生捕高輪の茶屋女　一三九16

——場所柄で、薩摩武士を誘い込んだのであろう。

16　立場茶屋

立場というのは、街道で馬方・駕舁《かごかき》・人足などが休息する所。宿駅と宿駅の間にある小駅で、茶屋・居酒屋・宿屋などがあった。

駕舁に上手を遣ふ立場茶屋 五八13

駕かきに心を遣ふ立場茶や 一二四別37

建場茶や団子で犬の芸尽し 一二二6

17　出茶屋

街道筋など、道端に出している茶店。よしず張りなど簡素な作りの茶屋。かけ茶屋。

是も博奕業にて相取を拵へ、おろかなる人の銭を取て、仕合なれば、直に出茶屋の女に戯れ、酒に其日を暮し、宿には帰らず。

とあるのは、井原西鶴の浮世草子『本朝二十不孝』〈巻三・二〉（貞享3年）に見られる一節である。

さし茅ハ春の出茶屋の若白髪 一〇九25

——よしずに新しく差した茅が、白くて若白髪のように見える。

松原の出茶屋根ッ木の置火鉢 一三〇29

――根ッ木の置火鉢は、松の根をくりぬいて作った火鉢。

花の山出茶屋に老の忘レ杖 一四五34

18 出張茶屋

町の茶屋が出した出張所で簡単な造りの建物。

何がしと呼ばるゝ儒先生、月六斎に出張を出して、唐の孔孟の声色を遣ひとは、曲山人と松亭金水合作の人情本『娘太平記操早引』〈序〉（天保8年）の一節。

雪隠と奥行の無ひ出張茶屋 七六14

19 峠茶屋

見晴らしの良い峠にある茶屋。峠を登り降りする人たちの憩いの場所であった。

あしもとに雲雀さへつる峠茶屋 一〇八8

見晴しの不二を元手に峠茶屋　別中25
山〳〵を我が物顔に峠茶屋　一四八20
まごついた道を見おろす峠茶屋　一四二32
行列もへの字にうねる峠茶や　一四七11

20　土手の茶屋

土手とは日本堤の俗称で、荒川の水防のため、幕府が諸藩に命じ、三の輪から聖天町まで八百三十四間余（約一・五キロ）の堤を築かせたもの。土手の茶屋は、この日本堤で吉原への遊客を相手に店を開いている茶屋である。

見ン物左ヱ門をあてに土手のちや屋　天二義4
長くなる人影をまつ土手の茶や　一六〇6
土手の茶屋薬缶が兎角にへきらず　一〇七32
土手の茶屋おらが女を聞あきる　一三六17
土手の茶屋馬鹿気た顔を洗はせる　一四三13

たましい返すきぬ〳〵の土手の茶や　一四三21

21　根津の茶屋

根津神社の門前町にある茶屋。大工などの職人を得意とする茶屋だった。

根津の茶やけづりのしやれをいゝ覚　明元桜4

――「けづり」は、大工の隠語で、飲酒、酒のこと。十返舎一九の滑稽本『東海道中膝栗毛』〈発端〉に、「近所の削り友達が打寄て」などとある。

22　富士見茶屋

見晴らしの良い峠などにあり、富士山の眺望を売りにしている茶屋。

富士見茶屋春ハ霞に邪魔をされ　七四5

23　松原の茶屋

海浜などの松原にある茶屋は、煙にいぶされているほうが景色になるというのである。松原と海のほか何もない景だから、煙が情緒を醸し出してくれるというのだ。

松原の茶屋ハいぶるか景になり　初10

24　峰の茶屋

峰の茶屋は、山の峰にあって、峠の茶屋や富士見茶屋をしのぐ眺望である。心ある人は、紀行文を書いたり、俳句の一句も捻りたくなるのであろう。

矢立水入れてうつ向く峰の茶屋　一五七26

——矢立は携帯用筆記用具。

25　三廻の茶屋

三囲稲荷は、豪商越後屋も信仰する稲荷社で、その門前にあるのが三廻の茶屋である。

三廻リの茶やにはん取リ二三人　　天元仁2

――茶屋に判取《はんと》りの丁稚が二、三人、誰かの御供で来たものと思われる。判取りは、現金や品物の受け取りに、印を押して証とすること。大店の呉服見世で行われ、売上代金とその帳面とを帳場の番頭のもとに運ぶ役の丁稚である。

26　三輪の茶屋

三輪の茶屋は、大和国一之宮三輪明神の前にあった茶屋である。三輪明神については、一つの伝説が残されている。この伝説を知らないと、三輪に関する川柳は理解できないことになる。三輪山のあたりに、活玉依姫《いくたまよりひめ》という娘がおり、この娘の元へ通ってくる男がいた。やかで娘は懐妊するが、相手のことを何も知らない。あるとき、男に麻糸を付けて後を追った。するとその男は三輪の大物主神《おおものぬしのかみ》とわかったという伝説である。この追う場面を、謡曲『三輪』は、

さすが別れの悲しさに、帰る所を知らんとて、苧環《をだまき》に針をつけ、裳裾にこれをとぢつけて跡を控へて慕ひ行く。

と書き綴っている。

おだまきの糸を喰ッてる三輪の茶や　天三85

糸のやうだとたぐり込ム三輪の茶屋　八四19

句の「おだまきの糸」は、この地方特産の三輪素麺を食している場面かと思われる。もちろん、謡曲『三輪』に出てくる苧環《おだまき》に掛けていることは言うまでもない。

27　目白の茶屋

何の変哲もない目白の茶屋を詠んだ句だが、傍注で説明するように、成句の「目白の押し合い」を詠み込んだのが手柄の句である。

押合て目白の茶屋で見るわせ田　四六32

――「押合」は、「目白の押し合い」という成句があって、鳥の目白が木にとまるときは、まるで押し合うように並ぶところから、大勢の人が混みあって押し合うことを言う。即ち、目白の茶屋では大勢の客が、田畑の多い早稲田、特に有名な茗荷畑などを眺めるというのであろう。

三、 茶屋と人

1 茶屋男

茶屋の表舞台は女でもっている。だから茶屋の男に関する句は右の一句のみである。

茶屋男舛のふちから酒を呑ミ　一一一21

――芝居茶屋の若い者が、仕切桝《しきります》の縁に腰掛けて、客から差された杯を頂いて。

2 茶屋女

茶屋女は茶屋に雇われている女のこと。客に酌や給仕をしたり、遊興の相手をしたりする。私娼化しているものも多かったようだ。畠山箕山著の評判記『色道大鏡』〈巻第四〉（延宝6年）には、

茶屋女は、茶店に一人宛、茶たて女とてあり。しかるに二人三人づつ抱へをきて、遊

女めきたりしかば、遊郭より改め紕し、これを訴ふ。むかしより茶屋女の価をきはむることとなし。

とある。また、延宝六年（一六七八）の禁令では、「布木綿之外着せ申間敷候」とあって、華美な衣装を禁じている。

茶や女さしみ作ルも申たて　宝13仁5

――採用試験に「刺身もつくれます」とアピール。

茶や女日和足駄てとちくるひ　明元梅3

茶や女四五寸出シてとちくるひ　安八仁5

――右二句、客とふざけあう姿。四五寸は脹脛《ふくらはぎ》を出して。

手のなる方へ出て行ハ茶屋女　一三三34

茶や女せゝなけ程の流の身　明五梅4

――遊女の川竹の流れの身に対して、茶屋女は小川の流れの身だと。つまるところ五十歩百歩だというのである。

せんどのをまだ縫って居る茶屋女　八26

茶屋女まんまと布子仕立たり　三15

――客商売の忙しい身でありながが、見事に布子《ぬのこ》を縫い上げた。

茶や女はかされに行くいなり町　　三四30

――たまには芝居見物。

茶屋女ほまち仕事に膳をすへ　　一六〇32

――小遣いかせぎに、据え膳を据えた、即ち春を売った。

茶屋女さる御ひゐきで幕を明ヶ　　一一一22

――贔屓の旦那の後援で芝居茶屋を開店。

3　茶屋の女房

茶屋の女房は奥様然とはしていられない。客の接待で忙しい。

あいそうに状さしを見る茶や女房　　明四信3

――女郎からの文が届いていないかと。

ありんすの通じハ茶屋の女房也　　一一九2

――女郎と客との連絡は、茶屋の女房の役目。

しつけ苧《そ》ハ茶やの女房にくわへさせ　明元梅1

――仕立てたばかりの着物で仕付《しつけ》糸がついている。これを茶屋の女房が取る。

4　茶屋の嫁

茶屋の嫁も、嫁で御座いますとは言っていられない。すぐにも接客の見習いをしなければならない。

茶やの娵《メ》もゝ色程ハのみならひ　明元満1

5　茶屋娘

茶屋娘は、茶屋で生まれた娘ではない。茶屋女と同じで、接待を仕事とする娘である。

何町《どこちやう》路考と渾名《あだな》を付け、路考娘と准《なぞら》へて、素人は兎もあれ茶屋娘、唄女《げいしや》は別けてとり囃され、人の目につく事なりしとぞ。

とは、為永春水の人情本『祝井風呂時雨傘』〈巻之四・第七回〉（天保9年）の一節である。

茶屋娘おやが鼻緒をゆるくすげ　一二〇21
人の気を味く汲のか茶屋娘　九一8
さゐぎつていやとも言ハぬ茶や娘　四六39
前だれの内そゆかしき茶や娘　五一30
口切《リ》も格別早い茶屋娘　五三17

6　茶屋の下女

様々な形態の茶屋に奉公する下女だから、それぞれに苦労もあり、役得もあったのであろう。

茶やの下女遣《リ》手のよふにさいはぢけ　宝13義4

――「才弾ける」は、こざかしく振る舞う。こましゃくれる。

茶やの下女けんをしに出《ル》にくらしさ　明四義3
はねまへに一寸来てみる茶屋の下女　五八26

――これは芝居茶屋の下女。

7　茶屋の母

茶屋を営む亭主にも母親がいて、長い間、夫婦で見世を切り盛りしてきたのであろう。苦労話もあり自慢話もある。

茶やの母春日野頃のミそを上ヶ　明四義8

――「今はこんな見世になっているが、かつては、尾州宗治侯がこの見世から、姿海老屋の花魁春日野に通われたものだよ」と、引手茶屋の老婆が自慢する。

第七章　茶と飯および飯屋

一、茶粥

茶の煎じ汁を入れて煮た粥。川柳ではもっぱら京での食べ物としている。『守貞謾稿』〈後集・巻之一〉には、

今世、右の水を多くし炊きたるを、白粥と云ふ。是《これ》、茶かゆに対す言也。茶かゆは、専ら冷飯に煎茶を多くし、塩を加へ、再炊するもの也。白糜《しろがゆ》には、塩を加へず。江戸は、常に粥を炊かず。幼年より馴れざるが故に、衆人好之人甚だ稀也。京坂は、前に書く如く、手炊を専とし、冬期冷飯を食し難きを以て、茶かゆ等にする也。強に吝のみに非ず。茶かゆには、さつま芋等を加ふこともあり。

と記されている。

茶粥喰ふ喉できやりの声へハ出ず 一二一30

和らかな言葉茶粥で育られ 一三二19

――やわらかな言葉の京育ち。

茶粥腹へこ〳〵日枝の山めぐり 九九90

比良へ近道鹿谷を茶粥腹　一四〇21

——右二句、僧侶の修行か？

京九重に匂ひぬる茶粥の屁　一二四116

——伊勢大輔の歌に「いにしへの奈良の都の八重ざくらけふ九重ににほひぬるかな」（『詞花和歌集』（巻第一）・『小倉百人一首』〈台六十一番〉）とあり、その文句取。

けさ御前茶粥の土地にふさはぬ名　一三七24

——今朝はご飯というのでは、茶粥の京都にふさわしくない。

茶粥も喰へぬとおきせんハ文に書　一四三5

——「おきせん」は情人。京の敵娼《あいかた》に「逢えないので飯も喉を通らぬ」と書くところを「茶粥も喉を通らぬ」と。

馴れて来る鹿へ茶粥の釜ッ底　一六六20

——馴れて来る鹿に、茶粥を炊いた釜の底を食べさせる。

二、茶漬け

今さら説明する必要もないが、茶漬けは、飯に熱い茶をかけたものである。

ならつけて喰へハ茶つけの奢リなり　明七礼3
てつほうをおそれて壱人茶つけめし　明八梅2
——鉄砲は河豚、あたるとこわいので。
けんとうしのちハ茶つけを喰ひたがり　天四天1
——脂っこいものばかり食べさせられて。
茶づけにハ和尚のみその金山寺　八〇13
うなぎやの隣茶漬を鼻で喰ひ　一一一4
あら世帯朝は成たけ茶漬にし　一三九29
藪医にかうの物で茶漬を喰せ　筥一47
——俚諺に、「藪にも剛の者」とあり、その捩り。

この茶漬けを食べさせる店が茶漬見世あるいは茶漬け屋である。手軽な料理屋でもあり、安価な割烹店でもあった。

あんどんの柱かくしハ茶漬見セ　二六25

――「柱隠し」は、柱の表面に飾りとして掛けるもの。紙・竹・板・陶器などに書画を描いたものなどいろいろな物がある。この柱隠しを行灯で代用してしまうというのだから安易な建物である。

杓子を定規茶漬屋の盛加減　一〇四27

――形式的におざなりな盛り方。

茶漬見せ煮豆程なる給仕が出　七五20

――年端もゆかず色気のない少女が給仕。

茶漬屋の膳に紅程梅びしほ　一一四34

――梅醤《うめびしお》は、梅干しの肉をすり、砂糖を混ぜ、味をつけた嘗め物。茶漬けに少しばかり添えてある。

ここで、著名な何軒かの茶漬屋を紹介しておきたい。

1　梅ヶ香茶漬

上野広小路にあったとも、筋違見付の辺にあったとも言われるが、いつ頃あったのか不明。

桜香はひん付ヶ梅の香ハ茶漬　一二〇8

――桜香は下谷の堺屋の鬢《びん》付《つ》け油《あぶら》。桜香と梅香の掛詞。

梅の香の手塩に付る鶯菜　一二〇8

――梅に鶯の掛詞。

2　海道茶漬

海道茶漬は、浅草並木町にあった茶漬屋。

随筆『親子草』〈巻之二〉（喜田有順・寛政9年）に、

茶漬見世なども、元は安永元の比、浅草並木町の内左側に、海道茶漬と書し行燈を出し有レ之、其他はあまり見当り不レ申候が、近年は所々に類見世多相成申候、

とあり、笑話本『無事志有意』（烏亭焉馬撰・寛政10年）も、同じように、
茶漬の始りは、浅草に海道茶漬といふが有た。夫から銀座町へ山吹茶漬がお茶漬の始り。
と記している。

気のどくさかいどう湯づけくふとむせ　明四梅3
大笑ひ海道茶漬くふとむせ　筥一12
――熱い茶漬をあわててかっこんで。

3　源氏茶漬

和泉町および長谷川町にあった茶漬屋。芝居帰りの客や役者などが利用したようだ。

源氏のすくれて安ィのハ茶漬　一〇七7
奢らずに源氏茶漬て安芝居　一三四6
飯迄も白きハ源氏茶漬也　一〇一13
――右二句、奢る平家、源氏の白旗に掛ける。

はゝきゝを源氏へつれる安芝居　六六20

惣どうこ光る源氏の茶づけ見せ　一〇六29

——右二句、『源氏物語』との縁語仕立て。

4　瓢簞茶漬（浮世茶漬）

日本橋浮世小路（現・中央区日本橋室町一丁目）にあった茶漬屋。俳諧の運座などが開かれたようだ。『江戸名物詩』には、

俳偕ノ之キ開キ小集ノ筵　浮世茶漬忙シ二出前ヘ一　坐間並ヘ掛ク多少ノ句　客人笑テ指ス是レ翁連

とある。句は、橘町の踊り子を連れて行ったというのであろう。

へうたん茶漬駒下駄を連れて行キ　一〇八13

——諺「瓢簞から駒」の援用。

5　山吹茶漬

茶の銘を取って名とした、山吹茶屋で喰わせた茶漬。銀座にあった見世がよく知られているが、『江戸買物独案内』〈飲食之部〉（中川芳山堂・文政7年）によれば、新橋北紺屋町（山富貴源太郎）・日本橋通三丁目（三河屋徳兵衛）・堀之内御門前（山の井七右衛門）・本郷二丁目（住屋嘉兵衛）などにもあったことが知られる。

山吹の茶漬け喰ても身にならず　六〇5

身にならぬものハ山吹御茶漬　八七32

——二句、太田道灌の故事、山吹に実のならないことを踏まえた句。

花の江戸山吹でさへ子をもふけ　八七30

山吹も子を産む花の御膝元　九四17

右の二句は、銀座にあった山吹茶屋が支店を開いたという意味の句だが、その場所など詳細はまったくわからない。

三、茶　飯

茶飯は、茶の煎じ汁で炊いた飯。川柳では、どうしたわけか素人芝居や浄瑠璃などとの関係で詠まれた句が多い。

銭の入らさるを茶めしで呼あつめ　安六満2

――観客を茶飯で釣って集める。

茶飯か出来た押入を片附ろ　一三五11

茶飯たきながら押入片付る　傍一19

――舞台を拵《こしら》える。

茶めしにハ成ルとかんどう場をかたり　安四智1

茶飯かすぎて切腹がくるしさう　三八15

茶飯が過て三十がくるしそふ　傍一23

――三重は、浄瑠璃の節扱いの一種。声をしぼりだすように長く引いて唄うところ。

治る御代こそ目出たけれで茶飯　筥一9

——これは義太夫。

から紙の外へハ茶めしもりを出し　安六礼3

その他の句としては、

百さしき茶めしのるすにせまくなり　天八蓮2

——芝居小屋の百桟敷、飯を喰いに行っているうちに、席を占領される。百桟敷は、「向こう桟敷」とも「つんぼ桟敷」とも言って入場料百文、混んでくると座を移され、すし詰めにされる。

橋大工茶飯を焚いて礼に呼び　三九7

——工事中、茶などで世話になっていたのであろう。

釣舩の茶飯しよふ事無《シ》に焚　二九10

——魚が釣れずおかずなしの茶飯。

最後に、池之端にあった茶飯屋、蓬莱屋茶飯の句を四句並べて、この項を終わることにする。

亀遊ふ池の汀にほうらいや　一一二5

瑠理殿の下《タ》に翁屋蓬莱屋　九四14

——「瑠理殿」は、上野寛永寺根本中堂のこと。「翁屋」は蕎麦屋。

蓬莱の膳にやうじの散松葉　一〇四27

蓬莱でのまばや宇治の初昔　一〇四26

——初音は煎茶の銘。松尾芭蕉の発句に、「蓬莱に聞かばや伊勢の初だより」とあり、その捩《もじ》り。

四、奈良茶飯

奈良茶飯というのは、煎茶で炊いた塩気のある飯に、濃くいれた茶をかけて食べるもの。炒った大豆や小豆・栗・くわいなどを入れたものもある。もとは、奈良の東大寺や興福寺で作っていたものだという。

これが江戸では、茶飯に豆腐汁・煮豆などを添えて出す一膳飯を言うようになった。

伊東蘭洲の随筆『墨水消夏録』〈巻之二〉(刊年未詳)は、

明暦大火後、浅草金竜山の門前に、始て茶店に、奈良茶飯、豆腐汁、煮染、煮豆等をとゝのへて、奈良茶飯と名づけて出せしを、江戸中端々よりも、金竜山の奈良茶くひ

にゆかんと、殊の外珍らしくにぎはひし、と事跡合考に見へたり

と記している。

春日形コイツ奈良茶の庭に過　一四七29

——奈良茶屋の庭に、春日形の立派な灯籠、これは分に過ぎると。

奈良茶の煮豆堅いにも程が有り　一三六16

あおによし奈良茶の猪口に木の芽合ヒ　一〇三5

まんぢうハ鶴て茶飯ハ亀て喰　二七3

——鶴は東海道沿い鶴見村名物の饅頭、亀はもちろん亀屋の奈良茶。

なら茶だのそばのとけちなさじき也　安七天2

——百桟敷での芝居見物。

ところで、奈良茶と言えば、川柳は大森・川崎あたりの奈良茶屋、特に万年屋に集中している。東海道の道筋にあって往来が多く、また川崎大師へも近かったからである。

先ず、旅からスタートすると、

ぬけ参り行きになら茶を喰はぐり　明元鶴1

嶋もふで先ッ中食は万年屋　五〇22

――嶋詣では江の島行き。

おくり人ハなら茶ぐらひに目ハかけず　明に礼2

――品川遊廓が頭にある。

なら茶喰い喰い品川をむすこきめ　二三7

釼の本地がすんで茶飯を喰　傍三9

――大山からの帰途。

しわん坊茶めしのまゝて江戸へつき　明五松5

旅日記なら茶の時か付ヶしまひ　明三梅4

鎌倉へ行くにもこの道を通った。亭主との離縁を望んで、鎌倉の縁切寺松が岡に向かって急ぐ旅、しかし、

女房をなら茶の中てつかまへる　安元信1

女房をしばつてなら茶喰て来る　安二礼4

と、なかなか成功するものではない。が、中には、

まつか岡なら茶のまゝとがつくヽし　明六義3

と、辛うじてたどり着く者もあったのである。

『江戸名所図会』（長谷川雪旦画、天保10年〔1839〕刊）より
川崎宿の万年屋　たばこと塩の博物館蔵

昔の人たちは、厄年を大変気にしていたようだ。そこで厄年にあたる人たちは厄落としのため川崎大師に参詣したものであった。

大し様なら茶ハかめや万年や　安六梅4
水いらず七十五にてなら茶なり　安八梅4

――四十二歳の大厄の亭主と、これまた大厄の三十三歳の女房が。

大森の茶つけ十九てはつにくひ　三五31
早いものたねと茶飯の蓋を取リ　三一34
万年屋十五年めで内義喰イ　桜4

――十九の厄年から数えて十五年の三十三歳。

第八章　茶と逸話

一、喜撰法師

紀貫之は『古今集』の仮名序で、

宇治山の僧きせんは、ことばかすかにして、はじめをはり、たしかならず、いはば、秋の月をみるに、あかつきの雲にあへるがごとし。

わがいほはみやこのたつみしかぞすむ世をうぢ山と人はいふなり

よめるうた、おほくきこえねば、かれこれをかよはして、よくしらず。

と評しているが、在原業平・僧正遍昭・大伴黒主・文屋康秀・小野小町とともに六歌仙に選んでいるのである。

この喜撰という人物、はなはだ伝説的な存在で、生没年も不明、その存在したという痕跡を残す資料も皆無である。別号醍醐法師。山城国の人らしいが、出家したあと、醍醐山、のち宇治山に隠れて仙人となり、雲に乗って姿を消したとも伝えられている。

六歌仙に選ばれるくらいだから、その歌もさぞかし多いに違いないと思われるが、実はたった二首しか残されていないのである。その一が、『古今和歌集』〈巻第十八 雑歌下〉に採録された左の一首であり、この歌は『小倉百人一首』〈第八番〉に採られて、人のよく知る歌になっている。

わが庵は都の辰巳しかぞ住む世をうぢ山と人はいふなり

岡西惟中の随筆『消閑雑記』（文政8年）を開くと、

○此比は、人の心、浮気になりて、毎度の句数をこのみ、沈思《チンシ》の味《アヂハ》ひをなめず、殊勝辺の事をおもしろからず。心ある人、はぢおもふべきことなり。抑喜撰が歌、たゞ二首なり。我いほはの外に、

木の間より見ゆるは谷の蛍かもいざりにふねのおきにゆくかも

此歌、続古今集に入るべきよし、撰者いへるを、為家卿、貫之が筆むなしくなるとつぶやかれ、いれざりしを、為兼卿、玉葉集に入れ給ふとぞ、古人の撰集おぼろげならず、此ごろの俳諧集、ちりあくたのごとし、撰べるやえらまずや。人もしらず、我もしらず。

とあり、また、西田直養《なおかい》の随筆『筱舎漫筆《ささのや》』〈巻之十〉（刊年未詳）にも、

○喜撰法師詠歌

喜撰法師の歌は、百人一首の外には、をさ〳〵見あたらぬを、是も玉葉集に、題しら

ず。

　このまよりみゆるは谷のほたるかもいさりに海士のうみへゆくかも

［頭書］喜撰法師といふ人の事、すべてうたがはしき事に侍り。この歌は全くいせ物語芦屋の段なる、わかすむかたのあまのたく火かとある模擬也と聞ゆ。もし此人の御考は侍らぬにや。

とある。そこで、『玉葉和歌集』（正和2年）を繙くと、たしかに〈巻第三〉に、

　木の間よりみゆるは谷の蛍かもいさりにあまの海へ行くかも

と掲載されている。

「我いほは」の歌に関する川柳を拾い出すと、

御庵はと問れて喜撰一首よみ　一〇三24

喜撰法師の上の句は所書　一四〇2

喜せんゆえ哥にも宇治を入て詠　六六16

——喜撰という銘の茶があり、人物名に掛けた趣向。

宇治山と喜撰たぎつた哥をよみ　一一七9

宇治山は薫る喜撰の名歌也　七八1

――「たぎる」も「薫る」も茶との縁語。

我庵はかりほのいをの八軒目　四五35

――百人一首、第一番は天智天皇の「秋の田のかりほの庵の苫を粗み」、それから数えて八番目が喜撰の歌。

我庵で見れば左右は月と花　二八10

わが庵は月と華との間なり　三七33

――百人一首、七番目は阿倍仲麻呂の「みかさの山にいでし月かも」であり、九番目は小野小町の「花の色はうつりにけりな」の歌。

我庵へ風の便りで茶摘唄　一六七3

我が庵の辺り茶の木をたんと植　一六二28

茶ののめる庵はみやこの辰巳なり　明八礼3

秋はさぞおやかましかろ喜撰さん　三二13

我庵の前で落角度々拾ひ　三一33

茶と鹿で喜撰たび〳〵寐そびれる　三六33

茶にうかれ喜撰まじ〴〵鹿を聞　一三八36

喜撰の昼寐飯鉢を鹿があけ　八五6

「都の巽」を江戸に持ってくると、そこは深川辺になる。

江戸ならハ深川辺に喜撰住み　三六36

名の作り迄が喜撰ハ巽《たつみ》なり　一四〇2

茶より酒飲るハ江戸の辰巳なり　八六38

――深川の岡場所。

山開き辰巳ハきせんくんじゅ也　六〇25

――深川富岡八幡宮にあった富士山の山開きに「貴賎群集」。喜撰と貴賎の掛詞。

六歌仙についての句と言えば、

気がつきて喜撰を入る定家卿　一四〇7

――小倉百人一首へ。

六人の内に茶坊主壱人入れ　五一30

六人のうちをほいろへ一人入れ　三六24

我庵へ五哥仙をよぶ新茶時　一四〇7

茶にしてか喜撰ハ集に宇治斗り　八七16

――六歌仙と言われてはいるが、これを馬鹿にしてか、「我がいほは」の一首だけ。

御茶とふは喜撰盛物六歌仙　六九29

――茶湯は茶を煎じ出した湯。盛物は器に盛って膳に出す物。

喜撰の著に『喜撰式』があるとされるが、これもどうやらあやしく、平安後期の偽書だというのが本当のところであろう。

読で見よ茶な物てなし喜撰式　一〇四2

二、頼政の謀反

平治の乱のとき、源氏でありながら清盛に荷担した平安末期の武将源頼政。和歌の才にも恵まれており、その諷詞により清盛によって三位に昇格した。のち三十歳にして不遇をかこつ以仁王を唆《そそのか》して、平氏打倒の兵を挙げて破れ、宇治平等院で自刃した。

『平家物語』〈巻第四・源氏揃〉を開くと、

其頃近衛河原に候ける源三位入道頼政、或夜ひそかに此宮（高倉宮以仁王《たかくらのみやもちひとおう》）の御所にまいツて、申しける事こそおそろしけれ。「君は天照大神四十八世の御末、神武天皇より七十八代にあたらせ給ふ。太子にもたち、位にもつかせ給ふべきに、卅まで宮にてわたらせ給ふ御事をば、心うしとはおぼしめさずや。当世のていを見候に、うへにはしたがいたるやうなれども、内々は平家をそねまぬ物や候。御謀反おこさせ給ひて、平家をほろぼし、法皇のいつとなく鳥羽殿におしこめられてわたらせ給ふ御心をも、やすめまいらせ、君も位につかせ給ふべし。これ御孝行のいたりにてこそ候はんずれ。もしおぼしめしたゝせ給ひて、令旨をくださせ給ふ物ならば、悦をなしてまいらむずる源氏どもこそおほう候へ」とて、申つゞく。

と、少々長くなったが、はじめ躊躇していた以仁王も覚悟を決める。しかし、この謀反は平家方にすぐ知れてしまう。そこで逃げた先が三井寺だったが、もちろんここが安住の地ではなく、宮方は南都へ向かうことになる。引き続き『平家物語』〈巻第四〉には、

（治承四年五月）廿三日の暁、宮は「この寺ばかりではかなうまじ。山門は心がはりしつ。南都はいまだまいらず。後日になッてはあしかりなん」とて、三井寺をいでさせ給ひて、南都へいらせおはします。（中略）

宮は宇治と寺とのあひだにて、六度までをん落馬ありけり。これはさんぬる夜、御寝のならざりしゆへなりとて、

とある。この頼政の謀反事件、詳しく書くとなお紙数を要するが、ここは茶について書いているので、このくらいにするが、川柳を作った連中は、この『平家物語』の「六度まで御落馬」を決して見逃しはしなかった。

敵を茶にして宇治橋の法師武者　八五5
宇治橋で法師ハ敵を茶につまみ　一五五26

——一来法師。茶にして、茶につまみ、は馬鹿にしてというほどの意。

より政のむほん茶の木をこなにされ　明三梅2
六度目ハ茶の木の上へおつこちる　明五梅2
御落馬の度ごと馬は茶を喰い　明八松4
茶畑を頼政勢がふみちらし　五一28
頼政も茶にしたゆゑに宇治へ落　一一九3
茶つみらよ怪我をするなと源三位　一二八44
より政か死んだよく年茶の高さ　安元宮3

——茶畑を荒らされて収穫が激減。

御いとしさ茶つみはなしになりたまひ　安八仁6

──頼政の謀反事件も、その後は茶摘みの世間話に。

しいのみでさかへ茶の木でおわる也　　一二14

──「のぼるべきたよりなき身は木のもとに椎をひろひて世をわたるかな」で三位に、そして宇治で死亡。

頼政の後家か通ると茶つみ言い　　三一1

あやめの仏参茶畑へ人がたち　　一五七9

──源頼政は、家臣の猪早太と共同して鵺《ぬえ》を退治したが、その褒美として時の帝から「菖蒲前《あやめのまえ》」という美女を賜った。しかし、その後、頼政が平家に対して謀反を起こし、敗れて宇治の平等院で切腹。後家になった菖蒲前が彼の墓参に出かけると、物見高い人々が興味の眼差しで彼女を見送る。

なお一言追加すれば、頼政が活躍した平安時代末期には、まだ茶は栽培されていない。しかし、川柳は時代の錯誤などはまったく気にしていない。詠んだ句が面白ければそれでいいのである。だから、これらの句は時代を錯誤していると言われても困るのである。

三、石田三成、三献の茶の逸話

石田三成は幼名を〈佐吉〉と言った。十三歳のとき、書を学ぶため江州の観音寺にいたことがある。ちょうどその頃、長浜城主となった秀吉は、領内で鷹狩りをしたが、その帰途咽《のど》の渇きを覚え、観音寺に立ち寄り、茶を所望したのであった。これに対応したのが佐吉である。

石田三成はある寺の童子なり。秀吉一日放鷹に出でゝ喉乾く。其の寺に至りて、誰かある。茶を点じて来れと所望あり。石田大なる茶碗に七八分にぬるくたてゝ持ちまゐる。秀吉之を飲み舌を鳴《なら》し、気味よし、今一服とあれば、又たてゝ之を捧ぐ。前よりは少し熱くして茶碗半にたらず。秀吉之を飲み、又試《こゝろみ》に今一服とある時、石田此の度は小茶碗に、少し許りなるほど熱くたてゝ出づる。秀吉之をのみ、其の気のはたらきを感じ、住持にこひ、近侍に之を使ふに才《さい》あり。次第に取立てゝ奉行職《ぶぎやうしよく》を授けられぬと云へり。

（『武将感状記』〈巻之八〉熊沢猪太郎・正徳6年）

とあるが、この逸話が真実かどうかということになると、はなはだ疑わしく、後の世に作られた話が俗書に記載されたと理解するのが正しいようだ。

佐吉御茶上げいと和尚手をたゝき　安九智5

口ちかひ湯かげんをしる佐吉なり　三一29

――「口近い」は、人の受けがよい。

馬の小便を佐吉ハ初手に出し　傍二24

気転さは佐吉かつぱの屁を呑せ　五二21

――河童の屁は無味乾燥なこと。多くはうまくない茶に言う。

なまぬるい智恵でないのハ佐吉の茶　一五九19

汲むたひに左吉ハ指を入て見る　傍四6

――温度を測るために。

三ぷくの御茶が三度に御気に入り　明三仁7

ぬるい茶で段〳〵あつい御取立　六二4

薄茶から左吉ハあつい主をとる　一一四39

佐吉目ハ仕合ものと和尚いゝ　安六智6

その後、佐吉はとんとん拍子に出世したが、ついに石田三成は関ケ原の戦いで徳川家康に敗れるのである。

ぬるい茶のやうにはいかぬ関ヶ原　二四38
三ばいの茶を水にする関ヶ原　八一6
茶の気てんあらハのまれぬ関ヶ原　一六三27
ぬるい茶のはてににへ茶を諸侯呑　一一〇30

四、秀吉の茶会

茶の湯を政治に利用したのが、信長と秀吉である。特に秀吉は千利休を大いに利用した。天正十三年（一五八五）に禁中茶会を催した三年後、即ち天正十六年（一五八八）には北野大茶会を開催したのであった。『絵本太閤記』〈五編第十之巻〉によれば、事前の広告は、

来る十月朔日北野松原において茶湯興行せしむべき也。貴賤によらず、貧福にかゝはらず、望みの面々来会せしめ、一興を催すべし。尤美麗を禁じ、質素なる事専一なり。秀吉所持の道具かざり置き、望の者に見すべきもの也。

八月二日

そして、その結果は、

程なく十月朔日にも成りければ、遠近《をちこち》の貴賤道俗《きせんどうぞく》、茶を嗜む程の者聞伝へ聞伝へ上《のぼ》りける程に、凡《およそ》茶人五百五十余人、北野右近の馬場の左右、松下梅蔭岩《しょうかばいいんいわ》の間《はざま》に思ひ思ひの囲ひをしつらひ、或は茅葺柴《かやぶきしば》の墻縄《かきなは》の枢《とぼそ》竹戸あり、或は葦垣したる其中に、笘葺篠葺藁葺《とまぶきささぶきわらぶき》の囲など、数寄《すき》に任せて営みたるぞ、目もあやに風情めきたり。

というものであった。

御工夫て大そうな茶を御ふるまひ　安六松1

たぎらねばへんてつも無ィ茶の湯也　五四22

大茶の湯たぎらぬ気でハ出来ぬなり　九九106

——たぎるは茶との掛詞。

大茶の湯申の下刻にやつと済　二六2

——秀吉の仇名猿と申の掛詞。

五、吉良上野介の茶会

主君を失った赤穂浪士、大石内蔵助を筆頭とする四十七人は、密かに主君の仇を討つ計画を着々と進めていた。

一方、事件後の吉良上野介は、本所に転宅して茶の湯を楽しむなどののんきな生活。切りつけられた額の疵は跡は残ったが順調に治癒していた。

茶の湯する時分は疵も平癒し　明元信1

乱心さなど〳〵茶の湯の客へいゝ　明三義3

松の廊下での事件は、「浅野内匠頭が乱心したためさ」などと無責任なことを言ったりしていた。

浪士の何人かは、吉良邸の周辺に住んで商売らしきものをやりながら、吉良邸の情報を集めることに専心、そのうちの一人、大高源吾は京都の呉服商と称し、まえもって吉良家に出入りする茶人四方庵宗徧の弟子となっており、十二月十四日に茶会の催しがあることを知って、この日討ち入りが決行されたのであった。

敵の手続知れたのも茶の湯から　九五29

討ち入りの結果は、読者諸賢の知る通りである。

茶の会にかげのうすいが亭主なり　明三桜2

――討ち入り当日に催された茶の会での吉良上野介。

炭部やは茶人ふうがなにげ所　明四桜3

茶会の夜胴炭斗り残つてる　九五14

――「胴炭」は、茶の湯で用いる切炭のうち、炉に最初に入れて横に置き、心にする炭。

酔を塩茶でさましたは十四日　二五27

老巧の茶人も炭で大はたき　九五10

本望さ茶人を討も炭手前　九五28

六、ぶんぶく茶釜

文福茶釜は、上野国館林（現・群馬県館林市堀江町）にある、曹洞宗、青竜山茂林寺の寺宝である。が、同時に分福茶釜は、動物が人間に恩返しする昔話の一つでもある。

貧しい男が罠にかかった狸を不憫に思い逃がしてやった。その夜狸が家に現れ、助けてもらったお礼として、茶釜に化けるからこれを売ってお金に換えるよう申し出た。次の日、男は寺の和尚に茶釜を売った。和尚は茶釜を寺に持ち帰り、茶を沸かすべく火にかけたところ、狸は熱さに耐えかねて半分元の姿に戻り、男の元へ逃げ帰った、その後、見世物小屋で綱渡りをして客を呼び、男は裕福になり、狸も淋しい思いをしないですむようになったという恩返しの話である。

その一方で、これは松浦静山の『甲子夜話』〈巻三十五〉に収録されている話だが、分福茶釜は、応永年間（一三九四〜一四二八）、狸が化けた老僧守鶴が愛用していた茶釜で、汲めども汲めども湯がなくならないところから不思議がられていたもの。その後、住持によって、守鶴は狸が化けたものと見破られたため、寺を去ったという。

右の二つの話がちょっとずれて、茂林寺に住み着いた狸がいて、うかつにも茶釜に化けたのである。炉で焚かれたら熱くなるというぐらいのことは、ちょっと考えればわかりそうなものだが、そこが狸の悲しさである。茶釜に化けて炉の上におさまった。得意満面だったかどうかはわからないが、和尚をだます

『柳樽初編』（渓斎英泉画、天保４年〔1833〕刊）より
ぶんぶく茶釜　個人蔵

ことができたということでは、大いに満足していたに違いない。
この三つの話がどのように交錯したかはわからないが、最終的には、茶釜に化けた狸が火を焚かれて化けの皮がはがれたという話に落ち着いたようである。

ぶんぶくは人を茶にした変化也 四三11
茂林寺の狸茶にした変化なり 九一23
茂林寺に有るのはとんだ茶がま也 五一29
茂林寺の茶釜流しの拾ひ喰 一一八29丙
茶釜とはばけた内でのそそうなり 明二義4

やがて、寺で茶の湯が催されることになった。湯を沸かすため炉に火がつけられて慌てたのは狸。

茂林寺の狸は腹を焙じられ 九一23
茶釜に成てたぬきもこまりはて 明元松3
茂林寺の茶釜は腹がぼふ〳〵山 一一一40

熱さに耐えかねて狸に戻ったところで、

茂林寺の狸はめくらだゝき也 六八16

何しろけうな茶釜と大さわぎ　四六23

と踏んだり蹴ったりの目にあってしまう。しかし、一方でこの茶釜を修復したという句も見られるのである。

茂林寺の釜は鋳かけに馬医を呼　六九15

――馬医は、現代の獣医。

分福のいかけむじなの屁で直し　九〇22

――狢《むじな》の屁は、狢の皮で作った鞴《ふいご》で風を送り炉の火力を強めること。

狸の遺言茶釜には化るなよ　六七17

――むべなるかなである。

七、その他

1　松永弾正の場合

松永弾正久秀は、平蜘蛛の壺を秘蔵していたが、信長が一見したいと再三の申し込み、やむを得ず土蜘蛛の壺を平蜘蛛と偽って見せた、果たして信長はこの壺を返却しなかった。その後弾正は謀反を起こして破れ、信貴山の城に自害の折り、平蜘蛛が信長の手に渡るのを悔しがり、仙可という茶童に託して密かに城から落としたのであった。これが『真書太閤記』の話だが、芝居の『三日太平記』では、壺が茶釜に変えられ、弾正切腹の場ではこれを飛び石に投げつけて割るのである。川柳は芝居の方を詠んでいるので壺ではなく茶釜になる。ここでは『絵本太閤記』〈二篇巻之九・信貴山落城〉を紹介するが、ここでも壺は釜になっている。

時に早《はや》寄手本丸に乱入《らんにふ》しければ、いざ我も快《こころ》く切腹《せつぷく》すべしとて、天守《てんしゆ》の四方へ火をかけさせ、日頃秘蔵しける平蜘《ひらぐも》の釜を取出し、天下に二つなき名器を敵の物と成《なさ》ん事の妬《ねたま》しとて、微塵《みぢん》に打砕《うちくだ》き、脇腹へ指添突立《さしそへつきた》て引廻せば、嫡子《ちやくし》小次郎春之後《はるゆきうしろ》へ廻《まは》り首打落《くびうちおと》し、其《その》刀にて我胸元《むなもと》を刺通《さしとほ》し、父の首を提《ひつさ》げ、猛火の中へ飛入《とびいつ》て、一時《じ》の烟《けぶり》と成にける。久秀行年六十八歳。

と描写している。

松永がかまをのぶ長心がけ　一八18
弾正か釜を信長取る気也　五二6

松永はかまをかす事大ィきらひ　筥一34
かまをかさないて松永しめられる　安九宮3
――以上四句は、男色を匂わしたもの。

ごくはらが立て松永茶をやめる　安八宮3
松永がりつぷくとんだ茶釜なり　一五36
平蜘のやうにおつ伏せ釜を割り　九八52

2　明智左馬介の場合

明智左馬介光春は、明智光秀の従兄弟。明智光秀が山崎の合戦で討ち死にしたことを聞き、安土城から坂本に向かったが、敵兵に行く手を遮られたので、大津打出浜から馬を湖水に入れ、唐崎を経て坂本城に入った。しかし城は、秀吉方の堀秀政に包囲される。いまはこれまでと覚悟を決めた光春は、羅郭楼に登り敵を招く。すると秀政自らが来て「何故に呼んだのか」と尋ねる。そこで光春は、

只今我々此所に於て生害《しやうがい》を遂げ城に火をかけ終《をは》り申すべきの覚悟に候処信長公御所持

の珍宝名器《ちんぽうめいき》当城に秘置《ひめ》きたり千歳《せんざい》の重宝《ちょうほう》争《いか》でか心なく失却《しつきゃく》せんや之によつて目録を相添《あひそ》へ其御陣へ送り申すべきにて候間此旨《このむね》羽柴殿へ能々《よく〳〵》御披露《おんひろう》給はるべきに候とて錦にて包みたる宝物《たからもの》を矢倉《やぐら》より釣下《つりおろ》せば、秀政感涙《かんるゐ》を流しあはれ仁義の武士《もの〻ふ》哉《かな》。羽柴殿の御前、委細言上《いさいごんじやう》に及ぶべしと、頓《やが》て数多《あまた》の宝器《はうき》を請取り、軍使を以て秀吉に献ず。

（『絵本太閤記』〈四篇巻之七・明智左馬介生害〉）

とあって、貴重な文化財を焼失から免れるべく、敵将にその安全な保管を願い出たのであった。

古物ハ打死させぬ左馬之助　七八32

ほまれさハ敵へかたみに茶器を出し　四三17

おわりに

茶はもともと、渇きを癒すための飲み物であるが、時代を経て茶の効用が注目されるようになり、さらに日本では精神的要素が加わって茶道へと発展していった。今から百十年前に岡倉天心が英語で著した『茶の本（原題 The Book of Tea）』（明治三九年〔一九〇六〕刊）は、茶道の神髄を西洋に広めるために書かれた名著である。

一方、本書は天心の著書とは違い、江戸川柳を引用しながら茶を飲む・嗜むという習慣が、どのようにして始まり広がっていったのかということを切り口に、日本人と茶の関わり、茶にまつわる話題などを、庶民的目線で紹介したものである。

したがって、茶の湯を紹介して日本文化の奥義に迫るといった堅苦しい本ではなく、江戸時代の人びとが日常生活の中でお茶を、どのようにして楽しんでいたのかを、さまざまな茶に関する川柳から選び出し、なるべく分かりやすく解説した本作りを目指した。

しかし、茶にまつわる川柳の解説文を執筆し編集作業を進めていく中で、「こんなことまでも解説しないと分かってもらえないのか」という問題にも突き当たり、現代生活の中で日本人の〝お茶離れ〟が、予想以上に進んでいることを痛感した。ウーロン茶のみならず、煎茶やほうじ茶という日本茶にしても最近は、急須に茶葉を入れ、お湯を注いで茶碗で飲むということは少なくなり、スーパーやコンビニで購入したペットボトル入りのお茶を飲んで済ます人が増えている。水を飲む時でさえ、ペットボトル入りのミネラルウォーターが主流を占めている現在、昔ながらの方法・作法で日本茶を飲む人が減ってきているのは、当然の成り行きなのだろう。

また、コーヒーマシンで抹茶を作るテレビコマーシャルが流れていたので、茶筅を用いない抹茶がどのようなものなのか興味が湧き、こちらも試してみた。もちろんコーヒーマシンで入れるので、器は茶碗というわけにはいかなかったが、味はそれほど悪くなく、外国から訪れた人に日本の抹茶を手軽に知ってもらうという意味では、十分に役に立つなと感じた。それと同時に、現在、日本人で自宅に茶筅や茶器を揃えて抹茶を嗜んでいる家庭が、いったいどれほどあるのだろうか、などとも考えてしまった。

日本茶を取り巻く様々な現況下、川柳を通して江戸時代の茶についていろいろ調べていくと「へぇー、そうだったのか」と勉強させられることも多々あり、原稿をまとめる中で日本における茶の歴史と文化の奥深さを再認識するとともに、時代によって茶の飲み方や嗜み方が変化していく様子も分かった。執筆者の一人としては、本書が読者の方々にとって、こうした日本人とお茶の深い関わりについて考えるきっかけとなれば、それに勝る喜びはない。

これまで、二〇一〇年に『江戸川柳で読み解くたばこ』を、二〇一五年に『江戸川柳で読み解くお酒』を刊行し、今回の『江戸川柳で読み解くお茶』で、いわゆる〝世界の三大嗜好品〟について、江戸川柳を通して紹介するという作業を終えることができた。

本書は、共同執筆者の清博美先生の深い学識に助けられなければ――前回・前々回もそうであったが――刊行に至ることはできなかった。清先生には、改めて感謝を申し上げたい。

なお、本書に掲載した図版等について、公益財団法人白鹿記念酒造博物館・館長代理の弾正原佐和氏、入間市博物館・学芸員の三浦久美子氏、クレイ企画事務所の坂本武志氏、久保全氏、金谷一郎氏に大変お世話になりました。ここに記して厚くお礼を申し上げます。

谷田　有史

清 博美（せい ひろみ）

1934年、東京生まれ。1957年、同志社大学法学部卒。1974年、川柳雑俳研究会を設立主宰。機関誌『季刊古川柳』を発行、継続中。現在、川柳雑俳研究会代表、江戸川柳研究会会長。著書に『江戸川柳文句取辞典』（三樹書房）、『川柳心中考』（太平書屋）など編・著書多数。

谷田 有史（たにだ ゆうし）

1958年、東京生まれ。1980年、國學院大学文学部卒。1981年よりたばこと塩の博物館学芸員として勤務。現在は、同館主任学芸員。専門は、近世・近代のたばこ産業史。著書に『浮世絵に見る色と模様』（共著・河出書房新社）、『グレート・スモーカー』（共著・祥伝社）など。

江戸《えど》川柳《せんりゅう》で読《よ》み解《と》くお茶《ちゃ》

発行日　二〇一七年三月二三日　初版第一刷発行

著者　清 博美・谷田 有史

発行人　仙道 弘生

発行所　株式会社 水曜社
〒160－0022 東京都新宿区新宿一－一四－一二
電　話　〇三－三三五一－八七六八
ファックス　〇三－五三六二－七二七九
URL：suiyosha.hondana.jp/

本文DTP　小田 純子

印刷　日本ハイコム 株式会社

ISBN 978-4-88065-405-8 C0095